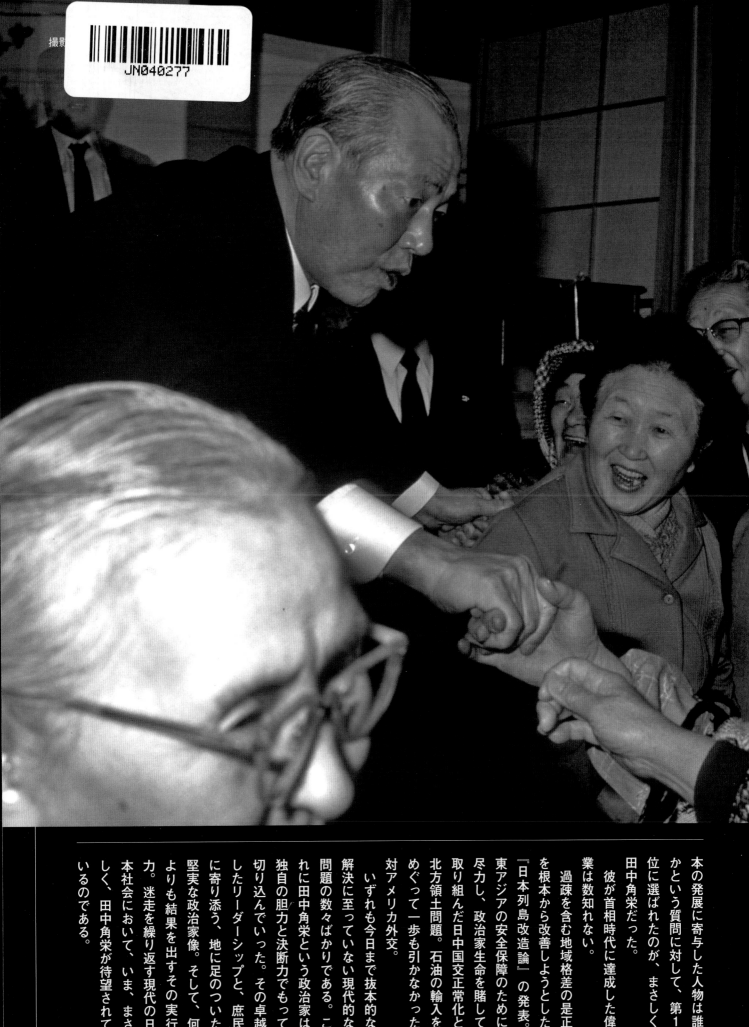

撮影

本の発展に寄与した人物は誰かという質問に対して、第1位に選ばれたのが、まさしく田中角栄だった。

彼が首相時代に達成した偉業は数知れない。

過疎を含む地域格差の是正を根本から改善しようとした『日本列島改造論』の発表。東アジアの安全保障のために尽力し、政治家生命を賭して取り組んだ日中国交正常化と北方領土問題。石油の輸入をめぐって一歩も引かなかった対アメリカ外交。

いずれも今日まで抜本的な解決に至っていない現代的な問題の数々ばかりである。これに田中角栄という政治家は独自の胆力と決断力でもって切り込んでいった。その卓越したリーダーシップと、庶民に寄り添う、地に足のついた堅実な政治家像。そして、何よりも結果を出すその実行力。迷走を繰り返す現代の日本社会において、いま、まさしく、田中角栄が待望されているのである。

田中角栄不滅の名言

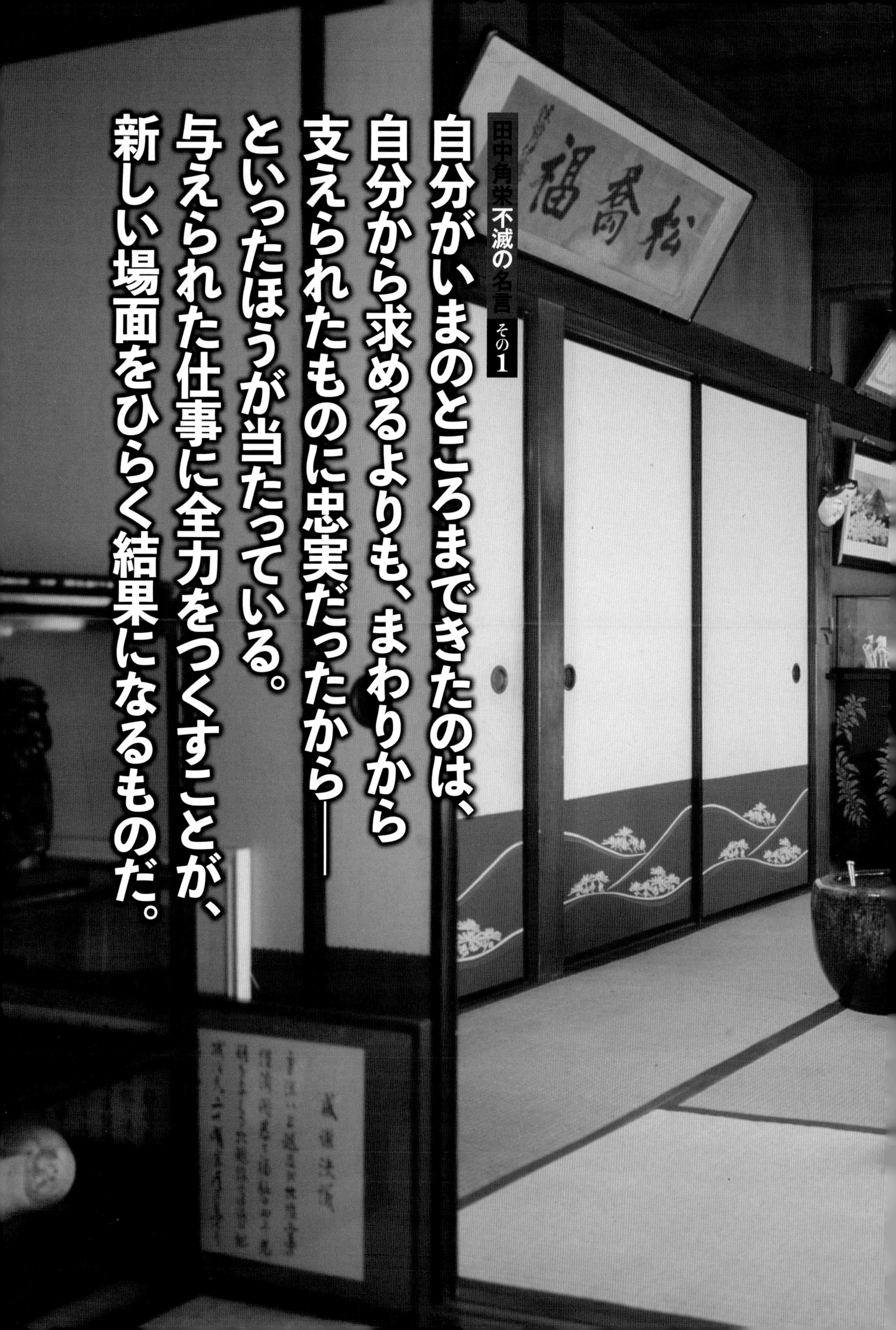

田中角栄 不滅の名言 その1

自分がいまのところまできたのは、自分から求めるよりも、まわりから支えられたものに忠実だったから——といったほうが当たっている。与えられた仕事に全力をつくすことが、新しい場面をひらく結果になるものだ。

田中角栄 不滅の名言 その2

よく相手の人間を知ること――
政治だけでなく、どんな仕事でも、
これが基礎だ。それでなければ、
本当のつき合いも、一緒の仕事もできない。

写真＝文藝春秋
撮影＝石井正彦

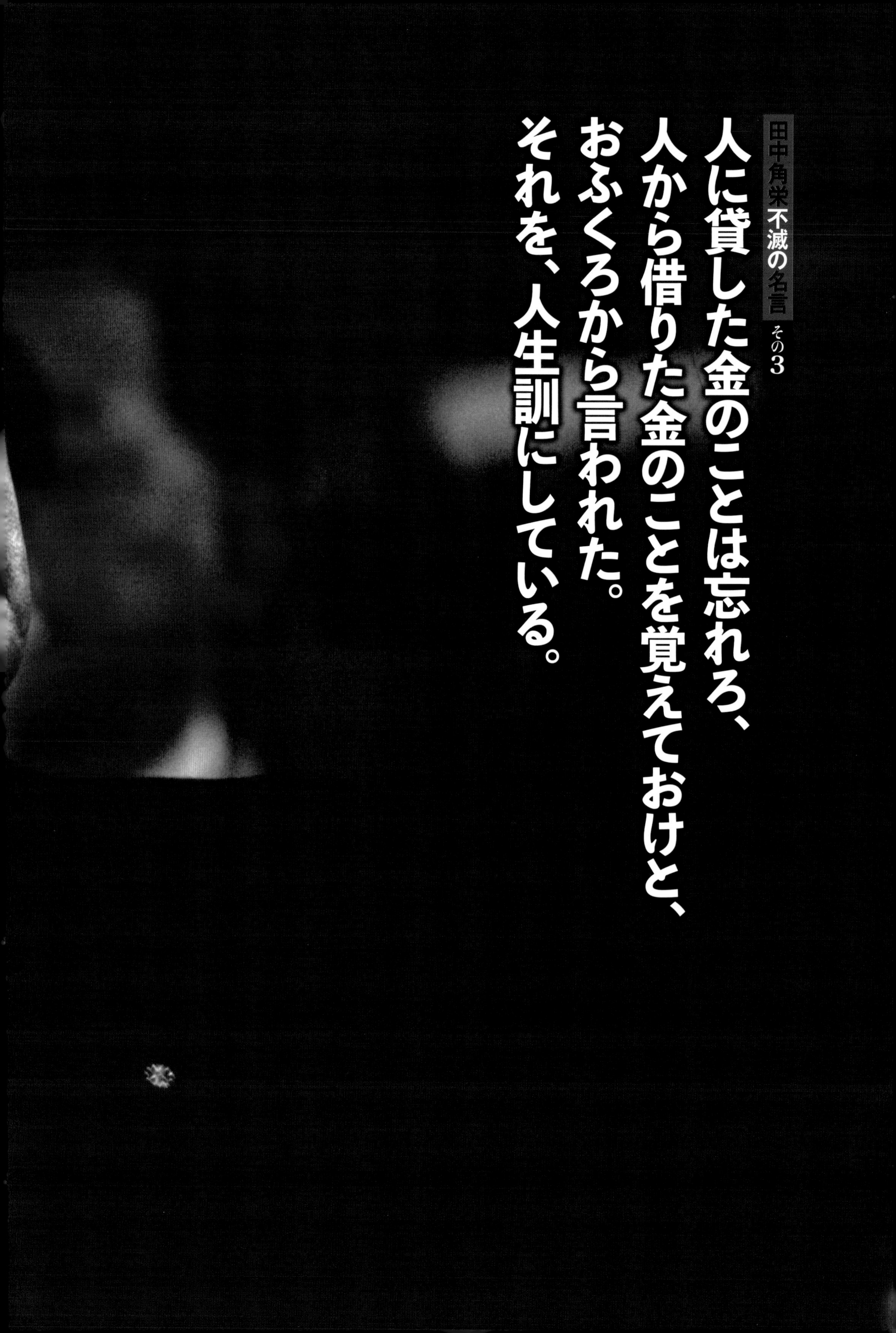

田中角栄不滅の名言 その3

人に貸した金のことは忘れろ、人から借りた金のことを覚えておけと、おふくろから言われた。それを、人生訓にしている。

撮影＝山本皓一

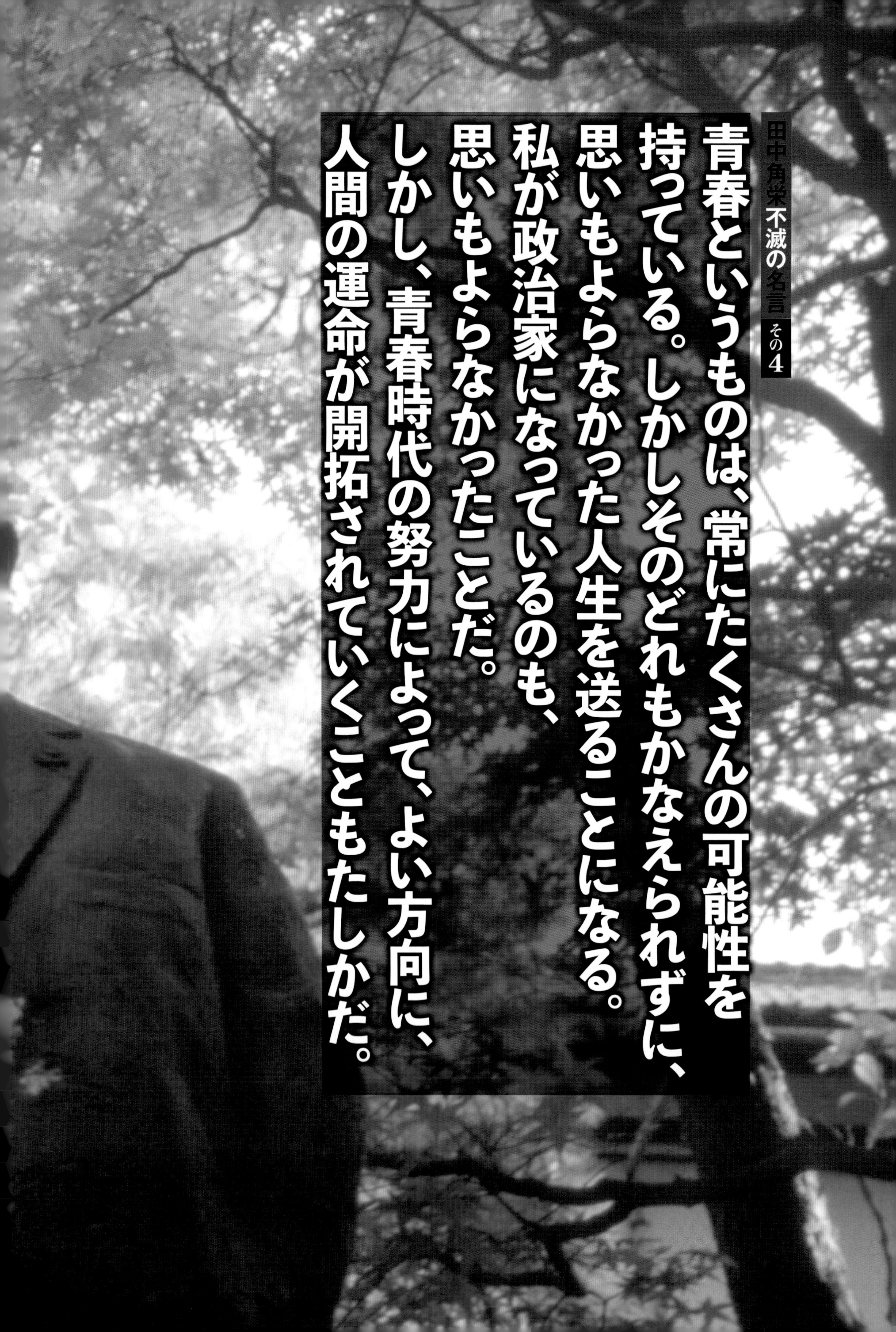

青春というものは、常にたくさんの可能性を
持っている。しかしそのどれもかなえられずに、
思いもよらなかった人生を送ることになる。
私が政治家になっているのも、
思いもよらなかったことだ。
しかし、青春時代の努力によって、よい方向に、
人間の運命が開拓されていくこともたしかだ。

田中角栄不滅の名言 その5

わかったようなことを言うな。
気のきいたことを言うな。
そんなものは聞いている者は一発で見抜く。
借り物でない自分の言葉で、全力で話せ。
そうすれば、初めて人が聞く耳を持ってくれる。

田中角栄 不滅の名言 その6

政治とはつまり、事を為すということだよ。

谷大橋開

田中角栄不滅の名言 その7

田中角栄は話を聞かない、と若い連中は言う。賢者は聞き、愚者は語る。もっと若い連中の話を聞こう。

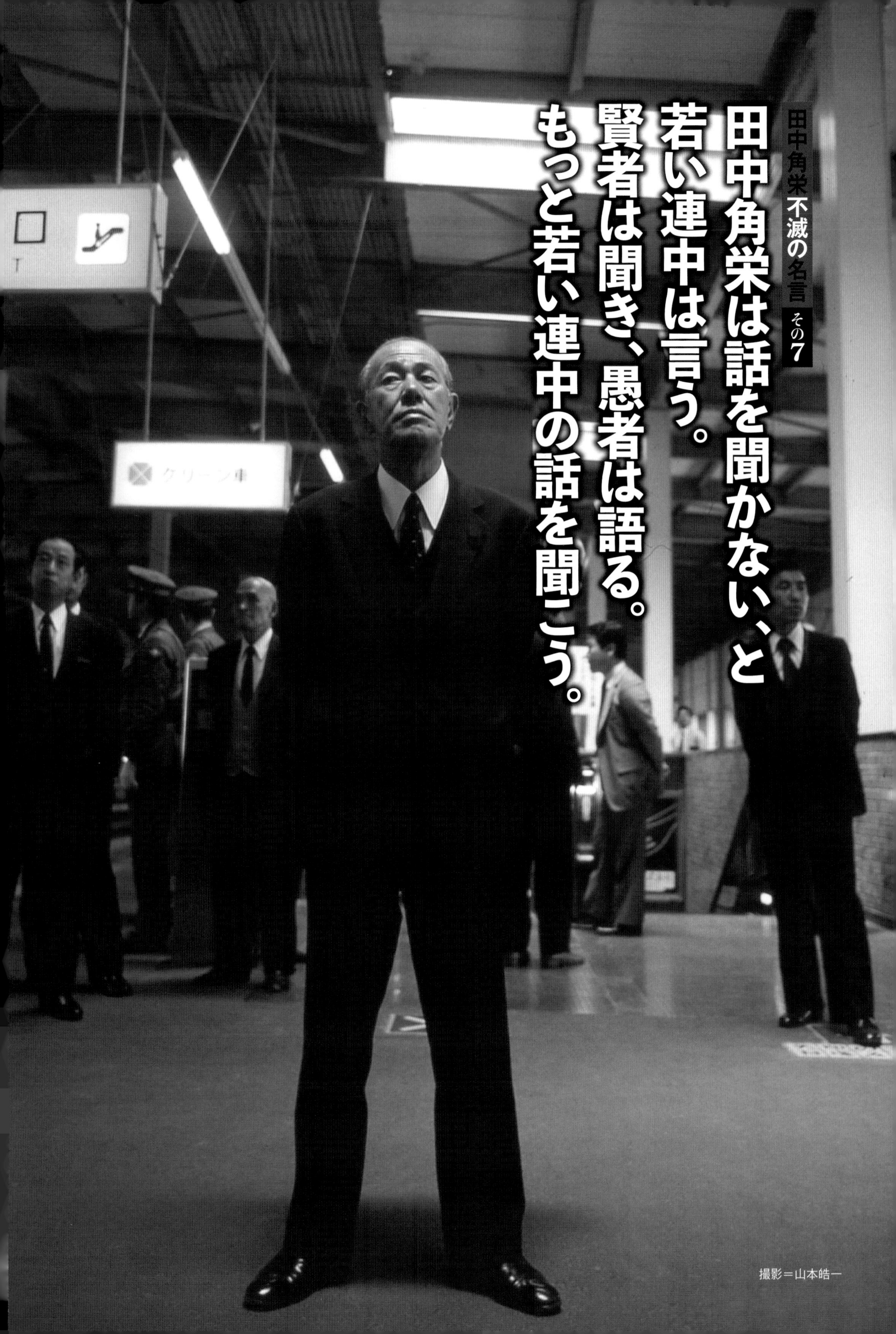

撮影＝山本皓一

田中角栄 不滅の名言 その8

役人の顔や人脈ぐらいは よく覚えておけ。5年、10年たって いっぱしの大臣になったとき「君、見たことないな」では話にならない。

撮影＝山本皓一

田中角栄不滅の名言 その9

若い奴に対し
ネチネチとやるのは大嫌いだな。
叱ったとしても、
次の人と会ったときには
もう忘れている。
君には負ける、また会おうですよ。

撮影＝山本皓一

田中角栄不滅の名言 その10

一番大切なのは、何よりも人との接し方だ。それは戦略や戦術と違う。人間は年に関係なく、男でも女でも好きな人は好きなんだ。

撮影＝山本皓一

新版 田中角栄の一生【もくじ】

第2章　角栄・青の時代

第5章　闇将軍とその終焉

※本書は小社より刊行した別冊宝島『田中角栄の一生』（2015年9月）を加筆・修正し、新規記事を加えて再編集したものです。

田中角栄の一生

第1章

The life of Kakuei Tanaka

田中角栄裏伝説

今太閤、庶民宰相、闇将軍……さまざまな異名を持った稀代の政治家・田中角栄。その政治家人生は、戦後復興から高度成長時代という激動の昭和を駆け抜け、常人では及びもつかぬさまざまな伝説に彩られる。その人生哲学と人心掌握術が紡ぎ出した仰天エピソードを大紹介。

1972年、日中国交正常化に向けた訪中を終え、日本に帰国。総理大臣就任後、国際政治を舞台にした初の大仕事だった

田中角栄 裏伝説 Part1

1日の陳情客は最大500人!?

猛スピードで来客に対応「『わかった』の角さん」驚異の情報処理能力

即断即決の政治家 決断力と実行力が代名詞

「政治家は代理のきかない商売。客と会うのが醍醐味じゃないか。それが億劫になったら政治家を辞める」

どんな無名な陳情客でも1人ひとり必ず会って話に耳を傾けた角栄。

彼は「わかった」と連呼しながら、できることはできる、できないことは決してその場で濁したりはしない、即断即決の人だった。陳情事もできると判断したら、すぐにその場で解決のために動いた。

ついた異名は「『わかった』の角さん」。

最盛期には1日500人を超える陳情客の相手をしなければならなかった。平均対応時間は3分、長くて5分。普通ならそっけない応対になりがちだが、角栄の場合、それは時間ではない。彼のたぐいまれな決断力と実行力が、解決可能な問題にはすぐに結果を出した。そして、一度会っ

月曜から金曜まで毎日、午前中は陳情客の相手をするのが日課だった。平均4、500人、約3、40組の客が来たという

た人間の顔と名前は必ず覚えていた。

23年間、角栄のそばで秘書を務めた早坂茂三によると、この驚異の情報処理能力と記憶力は、持病のバセドー氏病と関係があるという。

バセドー氏病は、甲状腺機能亢進症の一種で、甲状腺ホルモンの異常のため新陳代謝が著しく早くなり、水を大量に飲む、大汗をかく、目が飛び出るなどの症状が出る。女性に多いとされる病気だ。一方で、脳の機能が鋭敏となり、そのために異常な「頭の回転の速さ」を可能にしていたのではないか、というのである。

しかし、彼はただ単に合理的に人事や案件を処理しただけではなかった。陳情客1人ひとりの家族構成から子どもの進学、就職まで、綿密に調べて頭に叩き込んでいたのである。

こうした気配りが、彼をして、人の心をつかむ情に厚い面をも演出させていたのである。

田中角栄裏伝説Part2

葬儀を大切にした義理と人情

気遣いと心配りが人々を惹きつけた角栄の真骨頂

佐藤栄作元首相の告別式で葬儀委員長を務めた田中角栄

人が悲しんでいるときに寄り添ってやること

田中派という一大派閥をまとめあげた稀代の政治家・角栄。

その人心掌握術はよく知られているが、なかでもそれぞれが人生の節目である冠婚葬祭においては、葬儀を最も大切にしていた。

秘書の早坂茂三は、ある人が亡くなったときに弔電と花の手配を指示されたが、うっかり忘れてしまったことがあった。すると角栄は烈火の如く怒り、テーブルまでひっくり返したという。

そのとき、角栄は言った。

「祝事は遅れてもいいんだ。しかし、弔辞は一生に一回だ。しかもオレがやれという相手はそれだけの間柄なんだからきちんとやらなければだめだ」(『週刊現代』1986年1月号より)

また、葬儀から1週間ほどが経つと、必ず新しい花を届けさせた。

「北海のヒグマ」とも呼ばれた元農林水産大臣・中川一郎の通夜にて、祭壇に合掌する角栄

それは、ちょうど最初の花が枯れる頃合いである。その心配りに遺族は驚き、改めて感謝をしたという。

しかし、それはただ単に政治のために人脈を利用するということだけでは決してなかった。「本当に人が悲しんでいるときに寄り添ってやることが大事だ」とも語った角栄は、葬儀では人の目も憚らず、涙を流し故人を悼んだ。

また、たとえどんな政敵であっても真っ先に駆けつけたという。

社会党委員長の河上丈太郎の葬儀での逸話は有名だ。保守本流の吉田派からそのキャリアの階段を上った角栄にとって、社会党の河上は天敵と呼んでも過言ではない政敵である。

1965年12月、葬儀は冬の肌寒い日となった。冷たい涙雨が降っていた。参列した角栄は火葬場まで出向くと、2時間ものあいだ、雨のなかに立ち続け野辺送りをしたという。

田中角栄 裏伝説 Part3

角栄流カネの使い方

「カネの渡し方」に光る金銭哲学 受け取ってもらう姿勢が心をつかむ

人間がカネを借りるときは一番つらいとき

後年は「金脈問題」「ロッキード事件」で追及された角栄。カネにまつわる逸話も多い。その独自の金銭哲学は、人々の心の機微をよく理解していたことに裏打ちされる。角栄は「人間が現金を受け取るときには必ず後ろめたさが残る」という性善説を重視し、単にカネをばらまくのではなく、「受け取ってもらう」という姿勢を秘書たちに徹底させた。

「渡すお前が頭を下げて、もらってもらうんだ。すこしでもくれてやる、という気持ちが相手に伝わってしまったら、そのカネは渡しても意味がない」

地方の貧しい家庭に生まれたからこそ、角栄はカネというものがどんなに人格形成や人間関係にモノを言うか、骨の髄までわかっていた。以下の角栄の言葉にもそれがよく表れている。

終生、受けた恩は決して忘れなかった義理と人情の人・角栄。地元・新潟で辻説法後、深々と頭をたれる様子

「困った人がカネを借りにくる。人間、カネを借りるときが一番つらいときだ。明日にも100万円必要だという人に、なんとかしましょうと言って、あとでダメでしたと言うぐらいひどい仕打ちはない。手元になかったら5万でも10万でもいい。財布を出していまはこれしかなくて悪いがとりあえず持っていってくれ、と言って有り金全部やる。そして、忘れるんだ。あとで律儀に返してくれればそれでよし。たとえ返してくれなくても、その人の役に立ったと思えば、腹も立たない」

また、他派閥の者に対しても寛容で、300万円の選挙資金の無心に対し500万円を届けたという。これもまた、返済は不要というのが常だった。結果、他派閥や中間派のなかにも角栄を慕う隠れ田中派の議員は多数、存在した。巨大派閥をまとめあげたのはカネの取り持つ縁に隠された、角栄の親分肌溢れる気質と細やかな配慮だったのだ。

田中角栄 裏伝説 Part4

天才政治家の知られざる努力

「コンピューター付きブルドーザー」その多忙すぎる一日

読書家としても知られた角栄。移動中も時間を惜しみ、忙しい合間を縫って勉学に励んだ。ときには小説も愛読。撮影＝上森清二

勤勉が金科玉条 守った母の教え

尋常高等小学校卒の角栄は、並みいるエリート官僚や他の大学卒の政治家たちと渡り合うために、自分で資料を丹念に読み、すべて頭に叩き込んで仕事に臨んだことで知られる。その勤勉な姿勢があったからこそ、日本全国の交通事情や政財事情に通じ、『日本列島改造論』という一大マニフェストを可能にさせたのである。

政治家・角栄の一日は壮絶だった。昼間は平均500人の陳情客の相手をした上で、さまざまな公務に励む。夜9時にはヘトヘトになって寝てしまう。しかし、わずか3時間ほどぐっすりと睡眠を取ると起き出し、2時間ほどは役所から届いた資料や国会便覧、読みかけの本に目を通す。大事な手紙もこの時間にしたためた。メモを整理し、国土地理院の5万分の1の地図を拡げて各選挙区の地勢や状況

午前8時半の朝食は、ざっと5分で食べ終え、陳情客の応対に向かう

を頭に叩き込む。そうしてようやく1杯、大好きなオールド・パーを寝酒にあおり、床につく。翌朝、それも朝6時には起き出し、新聞に目を通す。朝食もわずか5分から10分でかき込み、午前の陳情客の応対に向かう。いつしか、「コンピューター付きブルドーザー」の異名をとった天才政治家の、たぐいまれな行動力を支えたのは、こうした日々の努力の賜物だった。

角栄の勤勉の日々を支えたのは、母フメの教えが影響している。フメ自身、いつ寝ているのか見たことがないと角栄に言わしめるほどの働き者だった。小学校を卒業後、東京へと向かう角栄に母は次のように語ったという。「人間は、休息が必要である。しかし、休んでから働くか、働いてから休むか。そのときには働いてから休むことですよ」

この言葉は後年、病に倒れるまで、金科玉条として守られ、その激動の政治家生活を支え続けたのである。

田中角栄
裏伝説
Part5

目白御殿と驚愕の総資産

最盛期は約2575坪の私邸と複数の別荘を所有

1984年の目白御殿。1匹100万円（当時）はしたという鯉がいた自慢の池がまだ残るのが見える

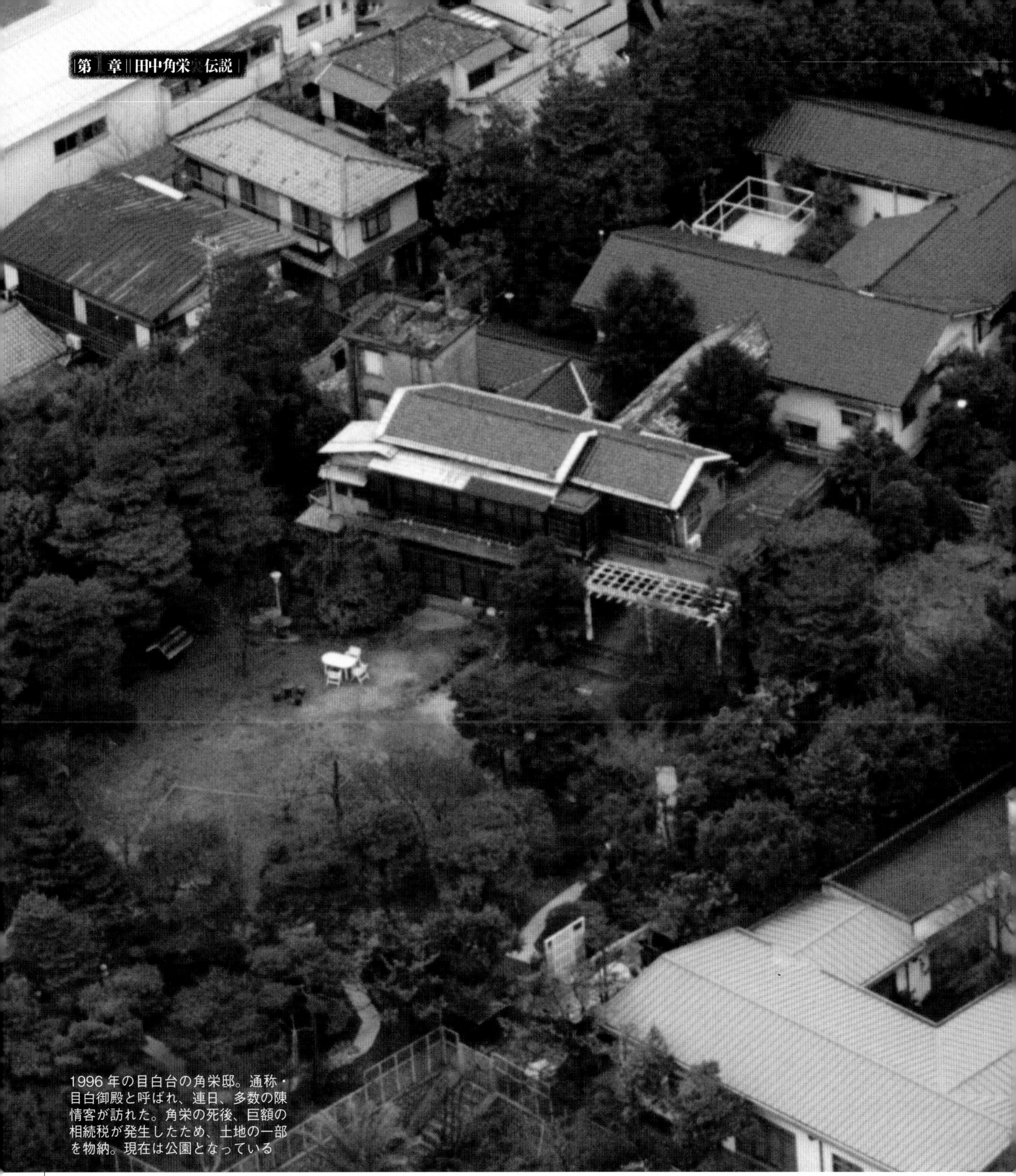

1996年の目白台の角栄邸。通称・目白御殿と呼ばれ、連日、多数の陳情客が訪れた。角栄の死後、巨額の相続税が発生したため、土地の一部を物納。現在は公園となっている

最盛期の目白御殿
時価77億円の豪邸

最盛期には約2575坪(約8500平方メートル)に達した東京・目白台にあった田中角栄の私邸、通称「目白御殿」。1953年、新潟県支部長時代に購入した母屋部分を中心に、出世と同時に次々と周囲の土地を買い足していった。土地だけで当時(1984年)の価格で約77億円にのぼるというから、まさしく権力の象徴といったところだ。

田中系企業の名義の土地も多く、例えば豊島区の土地681坪は当時の価格で約20億4000万円ほど。

60以上の関連企業の資産や、軽井沢などの3つの別荘地、新潟の生家、ゴルフ会員権や美術品、果ては目白御殿の庭にある池の1匹数百万と噂された鯉などを含めると、総額1000億円以上の総資産を誇るのではと囁かれたものである。

田中角栄 裏伝説 Part6

28頭の競走馬を持った大馬主

獲得賞金総額1億2000万 無類の馬好きは父親譲り

無類の馬好きは、牛馬商だった父・角次に似たという

エリザベス女王とも競馬談義外交!?

賭け事でも、麻雀は好まなかったという角栄だが、競馬には目がなかった。実家で農業をしていたのは主に母親。父・角次は牛馬商を営み、競走馬を連れて各地を転々としていた。

そんな角次の血を色濃く受

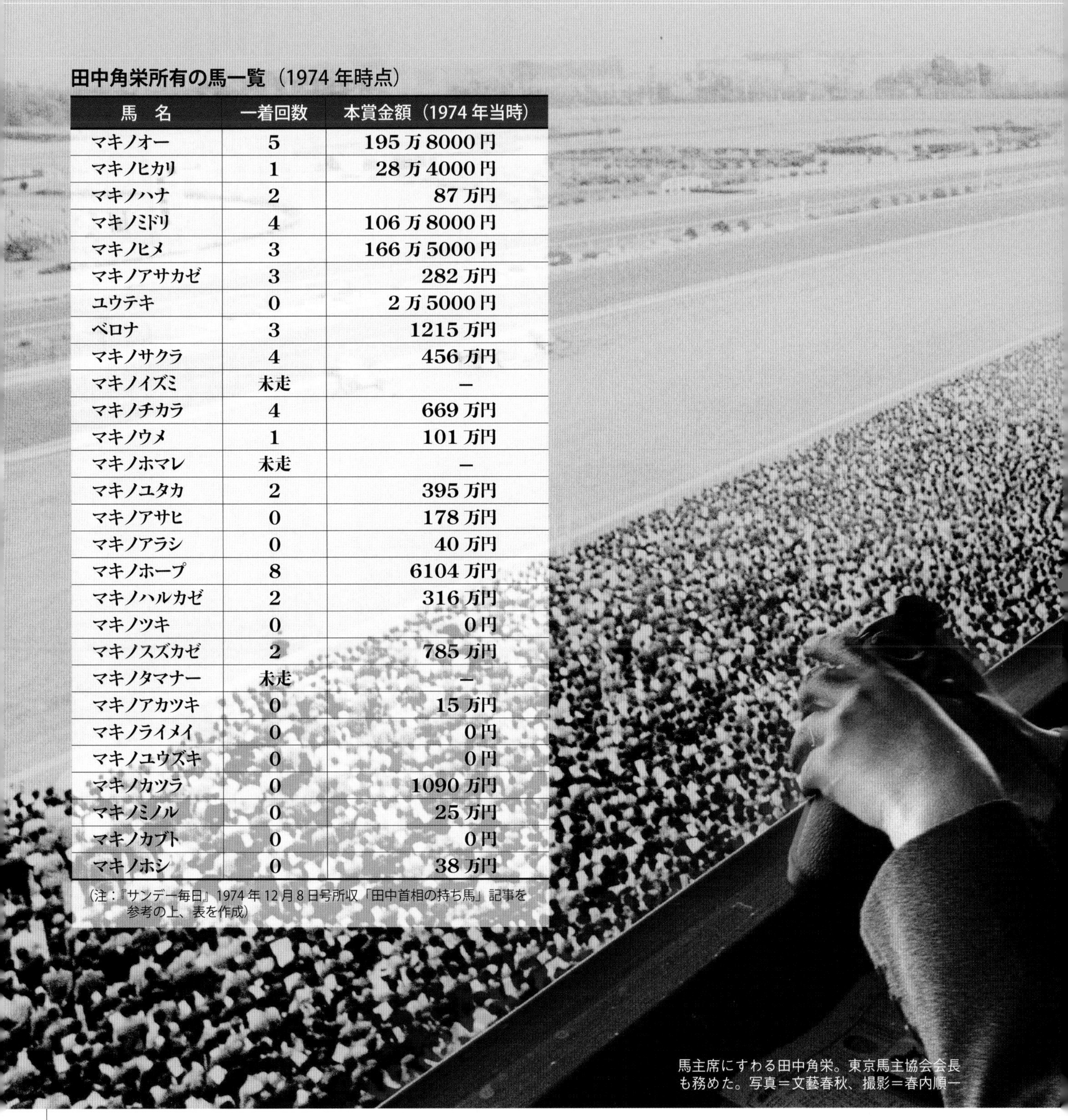

田中角栄所有の馬一覧（1974年時点）

馬　名	一着回数	本賞金額（1974年当時）
マキノオー	5	195万8000円
マキノヒカリ	1	28万4000円
マキノハナ	2	87万円
マキノミドリ	4	106万8000円
マキノヒメ	3	166万5000円
マキノアサカゼ	3	282万円
ユウテキ	0	2万5000円
ベロナ	3	1215万円
マキノサクラ	4	456万円
マキノイズミ	未走	–
マキノチカラ	4	669万円
マキノウメ	1	101万円
マキノホマレ	未走	–
マキノユタカ	2	395万円
マキノアサヒ	0	178万円
マキノアラシ	0	40万円
マキノホープ	8	6104万円
マキノハルカゼ	2	316万円
マキノツキ	0	0円
マキノスズカゼ	2	785万円
マキノタマナー	未走	–
マキノアカツキ	0	15万円
マキノライメイ	0	0円
マキノユウズキ	0	0円
マキノカツラ	0	1090万円
マキノミノル	0	25万円
マキノカブト	0	0円
マキノホシ	0	38万円

（注：『サンデー毎日』1974年12月8日号所収「田中首相の持ち馬」記事を参考の上、表を作成）

馬主席にすわる田中角栄。東京馬主協会会長も務めた。写真＝文藝春秋、撮影＝春内順一

け継いだのか、角栄も多数の競走馬を所有したことで知られる。1959年から74年までの15年間で、28頭の馬を持った大馬主（なかに母フメ名義の馬もあり）だった。そのうち26頭の馬の名前に、「マキノ」の冠称がついている。娘・眞紀子にちなんだ名前だろう。最高賞は、65年5月23日東京競馬場の「優駿牝馬（オークス）」で、内閣総理大臣賞を獲得したベロナ。

28頭の獲得賞金合計額は約1億2000万円。15年間の収支で計算すると、「赤字かトントン」といったところ。

また、その馬好きは外交の場でも逸話を残した。73年、総理大臣としてイギリスを公式訪問した折、エリザベス女王に謁見。得意の競馬談義に花が咲き、「あなたは専門家ですね」と女王から言われるほどだった。

角栄は「日本にいらしてください。東京競馬場へ案内します」と応じ、周囲は笑いに包まれたという。

田中角栄 裏伝説 Part7

生涯、地元を愛した愛郷人

昭和の大宰相を生んだ新潟三区 雪に閉ざされた故郷への想い

ロッキード事件の被告となり世論の批判を受けるなか、地元の人々は角栄を温かく迎えた

地方格差を是正 大切にした故郷

田中角栄という政治家を語るとき、その根っこの部分にあるのが故郷・新潟である。彼が立ち上げた『日本列島改造論』は、豪雪によってインフラ整備の行き届かない、地元・新潟県刈羽郡二田村（現・柏崎市）の現状をなんとか改善させようという悲願が原点

最年少で郵政大臣に就任後、地元・新潟に帰った角栄を迎える刈羽郡二田村（現・柏崎市）の人々

にあったと言える。地方の極貧家庭に生まれ、同じ日本人のあいだに大きな格差があることを一番の問題と考えたのである。

角栄は言う。

「おい、なんで日本列島に表日本と裏日本があるんだ。こんな不公平なことってあるか。俺たち新潟県の人間は、1年間の3分の1は雪に閉じ込められて生活している。ところが上越の三国峠1つ隔てた関東平野には太陽が燦々と輝いている。これを不公平と言わずしてなんというか」（増山榮太郎『角栄伝説』出窓社より）

故郷を愛した男を、地元選挙区の人々も決して忘れなかった。金脈疑惑やロッキード事件で手負いの角栄を、中央の東京、すなわち表日本に敗れいじめ抜かれた、同じ地方・裏日本の人間として想ったのかもしれない。常に角栄が窮地に陥ったとき、同郷人の連帯が後押しして、押し上げてくれたのである。

田中角栄裏伝説 Part8

歴代首相で唯一の逮捕歴2回

逮捕歴はロッキード事件だけではなかった! 人生最初の塀のなかは新人議員時代

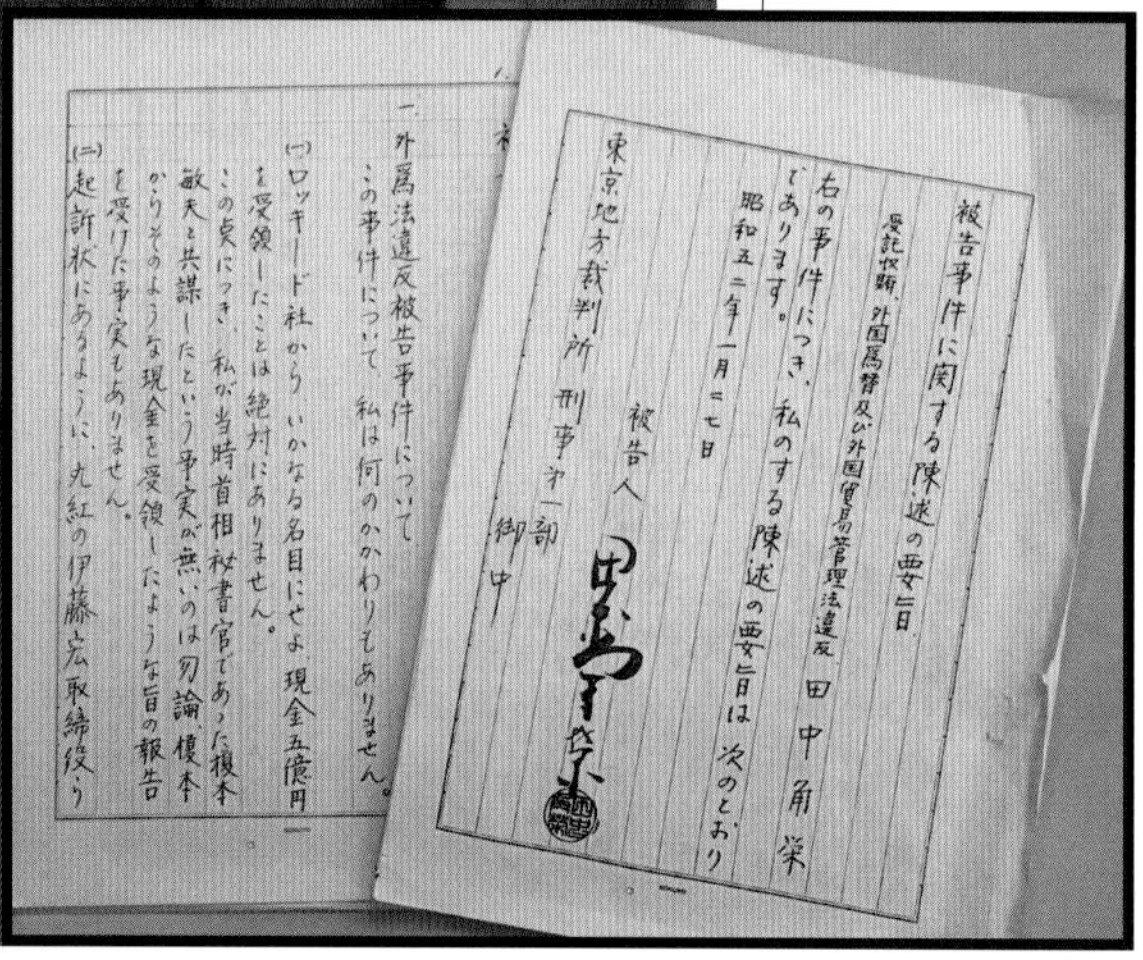

被告事件に関する陳述の要旨

受託収賄、外国為替及び外国貿易管理法違反 田中角栄

右の事件につき、私のする陳述の要旨は次のとおりであります。

昭和五二年一月二七日

被告人 田中角栄

東京地方裁判所 刑事第一部 御中

一、外為法違反被告事件について

この事件について私は何のかかわりもありません。

(一)ロッキード社からいかなる名目にせよ現金五億円を受領したことは絶対にありません。

この点につき、私が当時首相秘書官であった榎本敏夫と共謀したという事実が無いのは勿論、榎本からそのような現金を受領したような旨の報告を受けた事実もありません。

(二)起訴状にあるように、丸紅の伊藤宏取締役り

ロッキード事件時、角栄が東京地裁に出した罪状認否の意見陳述書

ロッキード事件と炭管事件

ロッキード社の旅客機受注をめぐって、黒いカネが飛び交ったロッキード事件。日米間を股に掛けて、前代未聞の一大汚職事件に発展し、国内外のニュースを賑わせた。この事件により、逮捕歴のある元首相として角栄は記憶されることとなった。

しかし、実は汚職事件で塀の向こう側へ送られたのは、ロッキード事件が最初ではなかったのである。

当選1回の新人議員時代、第2次吉田茂内閣で法務次官に抜擢されるという異例の躍進を見せた角栄に、検察庁の家宅捜索が入った。

事の起こりは、前年の1947年12月に成立した臨時石炭鉱業管理法(石炭国官法)であった。当時、連立政権内の一党だった社会党は、石炭産業の国有化を盛り込んだ同法の成立に尽力したが、国会に提出された途端に紛糾。

1947年初当選の翌年12月、国会で問題となっていた臨時石炭鉱業管理法をめぐる収賄容疑で逮捕され、起訴された角栄（写真左端）。有罪判決の出た一審東京地裁での様子

これに強く反対した議員の1人が田中角栄だった。この法案を廃案にするため、石炭業者から角栄が100万円の運動資金を受け取ったとされ、衆院本会議は角栄逮捕を許諾。角栄は、検察庁に出向き、取り調べを受けて、東京拘置所に送られた。

受け取った100万円は自身が経営していた土建会社への正式な発注であり、賄賂ではない、と主張するも50年4月に東京地裁は角栄に懲役6か月、執行猶予2年の判決を下した。直ちに控訴した角栄は、翌年に無罪を勝ち取ることとなる。

この最初の逮捕と二審での勝訴の経験が、晩年のロッキード事件において、自身の無罪を証明するために狂気ともとれるほど執念を燃やしたことの原点となっているのかもしれない。

しかし、歴代の内閣総理大臣でも2回の逮捕歴というのは、田中角栄1人だけ。まさに規格外の宰相である。

田中角栄
裏伝説
Part9

中国・ソ連に引けを取らぬ外交術

日中国交正常化に北方領土問題 大国相手に独自の胆力で応対

「日中国交正常化の次は北方領土をやる」とソ連へ赴き、ブレジネフ書記長（右）と会談した

独自の洞察と実行力で外交に手腕を発揮

角栄が首相就任後、イの一番に手をつけたのが日中国交正常化である。当時、日本国内には親台湾派が多数を占めており、中国と国交正常化を

日中国交正常化を解決するには創業者と話をつけるしかない……。その強い意志の通り、日中国交正常化を実現させた。周恩来と杯を交わす角栄

実現するには障害が大きかった。しかし、角栄はあえて断行した。そこには角栄独自の洞察と政治決断があった。

「毛沢東と周恩来という、いまの中国を作った創業者は、多くの死線を越えてきた連中だ。中国国民にとって肉親を殺されたにっくき日本と和解して、しかも賠償を求めないという決断は、創業者じゃないとできない」

その言葉通り、角栄は1972年9月、中国・北京に赴き両名と会談。日中国交正常化を実現したのである。

続いて翌年には、ソ連を訪問し、ブレジネフ書記長（当時）と会談。北方領土問題に切り込んでいくことになる。領土問題はまだ未解決の問題であることを、ブレジネフに認めさせるという偉業を達成したのだ。

中国とソ連（ロシア）。今日でも領土問題について争点となる大国に、角栄は持ち前の胆力で対等に立ち向かったのである。

田中角栄裏伝説 Part10

ロッキード事件と22万票

有罪判決後の選挙で驚愕の得票数 政治家人生最後の輝き

作家の野坂昭如と新幹線で乗り合わせた角栄。この写真の半年後の衆議院選挙で、2人は同じ新潟三区から出馬、相見えることとなる

連続15回目の当選 元「今太閤」の底力

「金脈」問題が首相辞任に追い込んだならば、ロッキード

ロッキード事件の一審有罪判決後の総選挙運動最終日。終始ご機嫌な様子で支援者に手を振る角栄と、その後ろで手応えがあったのか、万歳をする秘書の早坂茂三

事件はまさしく、議員生命そのものが終わりかねない出来事だった。１９８３年10月12日。東京地裁は、懲役４年、追徴金５億円の実刑判決を下した。この判決に憤慨した角栄は、判決後すぐに秘書の早坂茂三が代筆した「田中所感」を発表。そのなかで「私は内閣総理大臣にあった者として、その名誉と権利を守り抜くために戦い抜く」と宣言した。同年12月に行われた衆院選では、生き残りをかけたお国入りとなった。

　フタを開けてみれば、22万７６１票という史上空前の得票を集めての1位、しかも連続15回目の当選を果たしたのだった。

　当時、徹底的に角栄の金権政治を批判した作家の野坂昭如が、参院議員を辞職して新潟三区より出馬したが、慣れない雪国の土地で往生していた。それを聞きつけ、角栄は選挙中、野坂に衣類を届けさせたという。まさに貫禄勝ちといったところだ。

田中角栄の素顔

自民党重鎮・二階俊博が語る選挙の師匠「角さん」の実像

文・大下英治

「大丈夫、きみは中央競馬に出れるよ」

わたしが田中角栄元総理と選挙に出るために、初めて会ったのは、44歳の頃。田中派の幹部の江﨑真澄先生に連れられて、田中派の事務所のある砂防会館の近くのイトーピア平河町ビル内にある田中角栄先生の個人事務所に出向いたときだ。

田中先生は、わたしの顔をじっくりと見ながらいった。

「ここにいる江﨑君をはじめ旧藤山派のひとたちのほとんどが、木曜クラブにきている。遠藤三郎さんの秘書だった二階君が、うちにくるのは、自然の姿だよ。きみは、外から見ると、欠点はなさそうだし、まちがいなく当選するよ」

かつてわたしは、遠藤三郎先生の秘書でした。

田中先生は、選挙の神様といわれている。その田中先生に「当選する」といわれて悪い気はしない。しかし、わたしは、にわかに信じがたかった。思わず、聞き返した。

「そんなこと、どうしてわかるんですか」

田中先生は、手に持った扇子をせわしなくあおぎながら、茶目っ気たっぷりにいった。

「おれは、毎日、馬を見て暮らしているんだ。この馬は、中央競馬に出してだいじょうぶか、この馬は地方競馬どまりか、この馬は馬車馬にしかならない、ということをずっと見てきた。大丈夫、きみは中央競馬に出れるよ」

その後、わたしは、記者会見をひらき、次期総選挙に出馬することを明らかにした。

二階俊博

昭和14年2月17日和歌山県生まれ。昭和58年12月、衆議院議員初当選。平成5年に小沢一郎らと新生党を結成。以後、新進党、自由党、保守党に参加。平成15年に自民党復党。小渕・森・小泉・福田・麻生の歴代内閣で運輸大臣、経済産業大臣を務める。平成26年より自民党総務会長に就任。

●プロフィールは2015年当時のままで掲載

「選挙区全市町村のことをひとつひとつ言ってみろ」

昭和58年10月12日、わたしが連絡事務所に入ると、テレビ局の記者が、声をかけてきた。

「10時に田中さんの判決が出ますので、その感想をカメラに向かって話してください」

なんと、わたしのコメントをとるためにテレビ局が集まったのである。

わたしは、とまどった。

〈おれのような新人候補のコメントをとりにくるとは、思いもしなかったな……〉

午前10時、判決が下った。東京地裁の岡田光了裁判長は田中先生に対し、懲役4年、追徴金5億円の実刑を宣告した。首相の職権を利用した収賄事件で、実刑判決が出たのは、はじめてのことであった。

わたしは、カメラに向かって語りかけた。

「田中先生は、新潟の雪深い雪国から国政に出てこられ、郷土のため、さらには国のために懸命に働いてこられた。これから、この裁判がどのように展開していくのかわかりませんが、裁判は裁判として考え、わたしはこれまでどおり、人間としておつき合いさせていただきます。どんな立場になろうとも、わたしは田中先生と何もなかったと、その関係を否定するつもりはまったくありません。今後も、政治家としてのご指導いただきます」

11月28日、中曽根康弘首相は、衆議院を解散した。12月18日投票の、いわゆる「田中判決選挙」に突入することになった。

告示の3日前、田中先生から、電話が入った。

「選挙の情勢を聞きたいから、すぐ上京するように」

紀伊半島南端の新宮市から夜行列車に乗って、目白の田中邸に向かった。

田中先生は、わたしの顔を見るなり、訊いた。

「きみの選挙区には、どのくらい市町村があるんだ」

「33市町村です」

「そうか。それじゃ、そのひとつひとつの状況をいってみろ」

わたしは、眼を丸くした。

「えっ！　ひとつひとつですか」

「そうだ」

わたしは、いわれたとおり、33市町村の状況をひとつひとつ報告していった。

田中先生は、熱心に耳を傾け、「なぜ、そんなに少ないんだ」「そうか、そんなにとれるのか」といった具合に点検してくる。

わたしは、そのたびに理由を説明した。

わたしは、有田郡清水町について報告した。

「清水町の有権者は、4000人ですが、わたしは、100票しかとれないでしょう」

田中先生は、ダミ声で訊いてきた。

「100票とは、なんだ！」

わたしは、説明した。

「ここは、正示先生の生まれ故郷なんです。ですから、あえて入らないようにしているんです。生まれ故郷の地盤を荒らすようなことは、わたしの性に合いませんからね」

田中先生は、鼻をならした。

「ふーん、そうか。ま、100票だったら、ただの泡沫候補でも取れるな」

わたしは、思わず苦笑した。

「石にかじりついてでも当選させてもらえ」

まもなく、33市町村すべての点検が終わった。わたしは、新人候補のために、わざわざ時間をかけて、ひとつひとつ点検してくれた田中先生を心から尊敬した。

〈なんて、頼りがいのあるひとなんだろう〉

田中先生は、激励してくれた。

「ここで負ければ、少なくともあと3年間はこれまでと同じように選挙区回りをしないといけない。きみもつらいだろうが、おれもそういうことをきみにさせたくない。だから、なんとしても、石にかじりついてでも、この選挙で当選させてもらえるようがんばれ！　おれがきみのためになにをすればいいか、なんでもいってくれ」

わたしは答えた。

「わたしは、県議時代に高速道路の紀南延長を訴えつづけてきました。その裏付けをしてもらう意味でも、内海英男建設大臣にきていただきたいのですが」

内海大臣は、田中派の一員であった。

田中先生は、すかさずいった。

「わかった。内海君に行ってもらおう」

「ありがとうございます。しかし、内海大臣には、どのように連絡すればよろしいんですか」

「きみは、そんなことは心配しなくていい。内海君のほうから、きみのほうに連絡がいくようにしておく」

12月18日の投票日、わたしは、5万3611票を獲得し、第2位、みごと初陣を飾った。

12月27日、国会が召集されることになった。この日朝8時、わたしは地元の後援会の幹部数人とともに目白の田中邸に出向いた。当選のお礼のあいさつをするためである。

田中先生は、開口一番、いった。

「おーい、二階君。よく当選したな。たくさんの票を取ったな。良かったな、本当に良かった……」

田中先生の読みでは、わたしは、当選ラインぎりぎりだったのであろう。まるで、自分のことのように喜んでくれた。

「マスコミにおべんちゃらを言うようじゃ駄目だ」

しばらくして、田中派新人議員の歓迎会が料理屋でひらかれた。

田中先生は、わたしたちに、いろいろなことを教えてくれた。

「いいか、一生懸命勉強して議員立法を成立させていくん

1983年９月、次期衆院選に立候補を予定していた二階俊博氏を励ます会で熱弁をふるう田中角栄

だ。そうやって実力をつけていけば、たとえ一年生議員であろうと、大臣の椅子に座って説明や答弁ができる。マスコミに取り上げてもらおうと、おべんちゃらをいっているようでは駄目だ。政治家は、行動しないといけない。行動して、仕事をすれば、マスコミは自然についてくる。政治家のなかには、朝刊を読んで、はじめて行動するものもおるが、そんなのは政治家じゃない」

「政治家の基準、評価は難しく、やはり当選回数というのが大きくものをいってくる。ときには、抜擢人事をおこなうが、これは、じつに難しい。抜擢されたものは、喜ぶが、同期や他のひとに恨まれてしまう。しかし、知事経験者や事務次官経験者は、一期早く大臣になってもらうからな」

「昨日、夜中に目がさめたので、北海道から沖縄まで、わが派の議員の名前を書いて朝までかかって点検してみた。

そしたら、これは応援にいってあげないといけない、このひとは役につけてあげないといけない、このひとは資金を援助してあげないといけない、といろんなことがわかった。しかし、紙がなかったのでチリ紙に書いた。中身をもちろん見せることはできんがな」

「いいか、政治家の資質は、50人の前で話ができる人、500人の前で話ができる人、1000人の前で話ができる人、という具合に分けられる。しかし、5000人の前で話をし、私語をさせないでぴたっと聞かせることができるのは、そうはいない。いまのところ、中曽根康弘と田中角栄くらいなもんだな。きみらも、そうなれるようにがんばれ」

　やがて、お開きの時間となった。わたしは、田中先生から声をかけられた。

「遠藤先生の奥さんたちは、元気にしておられるか」

　私は小声で言いました。

「じつは、このあと、遠藤先生のご家族、それに秘書時代の先輩たちと、この店の別室で会合をするんです。帰り際に、5分でも顔を出していただけますか」

　田中先生は、酔いがまわったのか、顔を赤らめながら、上機嫌でいった。

「なにをいうか。5分といわずに、いこうじゃないか」

　わたしは、田中先生を連れて遠藤家御一党の待つ部屋に入った。予期せぬスペシャルゲストの飛び入り参加に、みなおどろいた表情をしている。

　田中先生は、しみじみと遠藤先生の思い出話を語った。

「遠藤先生は、農林省の役人だったが、官僚に似合わぬスマートなひとだったな」

　そのころ、店の前で張っていた田中番の新聞記者たちは、「五・八会」の会合が終わっても、なかなか田中先生が出てこないので、大騒ぎになっていたという。

「おーい、二階君。よく当選したな。たくさんの票を取ったな。良かったな、本当に良かった……」

もし田中先生がいまいたら

　わたしには、経済産業大臣に就任して以来、一貫して説き続けてきたことがある。

「〝燃える氷〟と言われるメタンハイドレートは、日本の将来のエネルギー問題を解く鍵だ」

　わたしは、大震災後、いっそう強く感じている。

「原発の再稼働がこれまでのようにいかないからこそ、メタンハイドレートの活用を早急に実現すべきだ。もし田中角栄先生がいまいたら、新エネルギー資源の獲得に走る。メタンハイドレートの活用も、大胆に推し進めるだろう。わたしも可能な限り動く」

　わたしの郷里・和歌山県沖合を含む南海トラフ海域の熊野灘に、十数億年前につくられたガスが、圧力で深海の海底でシャーベット状になって横たわっている。

　一説には、日本の近海にあるメタンハイドレートは、世界有数の埋蔵量を誇っている。

　東海、近畿、四国、九州といった西日本地方の南側の南海トラフに最大の推定埋蔵域を持ち、北海道周辺と新潟県沖、南西諸島沖にも存在する。また、日本海側にも存在している。

　日本の天然ガス消費量の、100年分とも200年分とも言われている。しかも、このエネルギーは、燃やしたときに出るCO_2が、石炭や石油に比べて半分であり、まさに夢の新エネルギーなのである。

　この深海に潜む新しい資源が、低コストで採掘が可能になり、活用できるようになれば、日本は一気に資源大国の仲間入りをすることになり、資源制約からも解き放たれる。尖閣諸島近海の海底にあるとされている天然ガスなどを含めると、日本は世界有数のエネルギー資源大国になれる可能性がある。

田中角栄の一生
第2章
The life of Kakuei Tanaka

角栄・青の時代

かつて、太平洋側を「表日本」と呼ぶのに対し、日本海側は「裏日本」と呼ばれ、豪雪に見舞われる冬場を耐え忍びながら人々が生きていたかの地・新潟に生まれた角栄少年にとって、その故郷での暮らしは生涯忘れることのできない人生の糧であった。後年、『日本列島改造論』に結実する彼の理想はいったい、どのように育まれたのか。

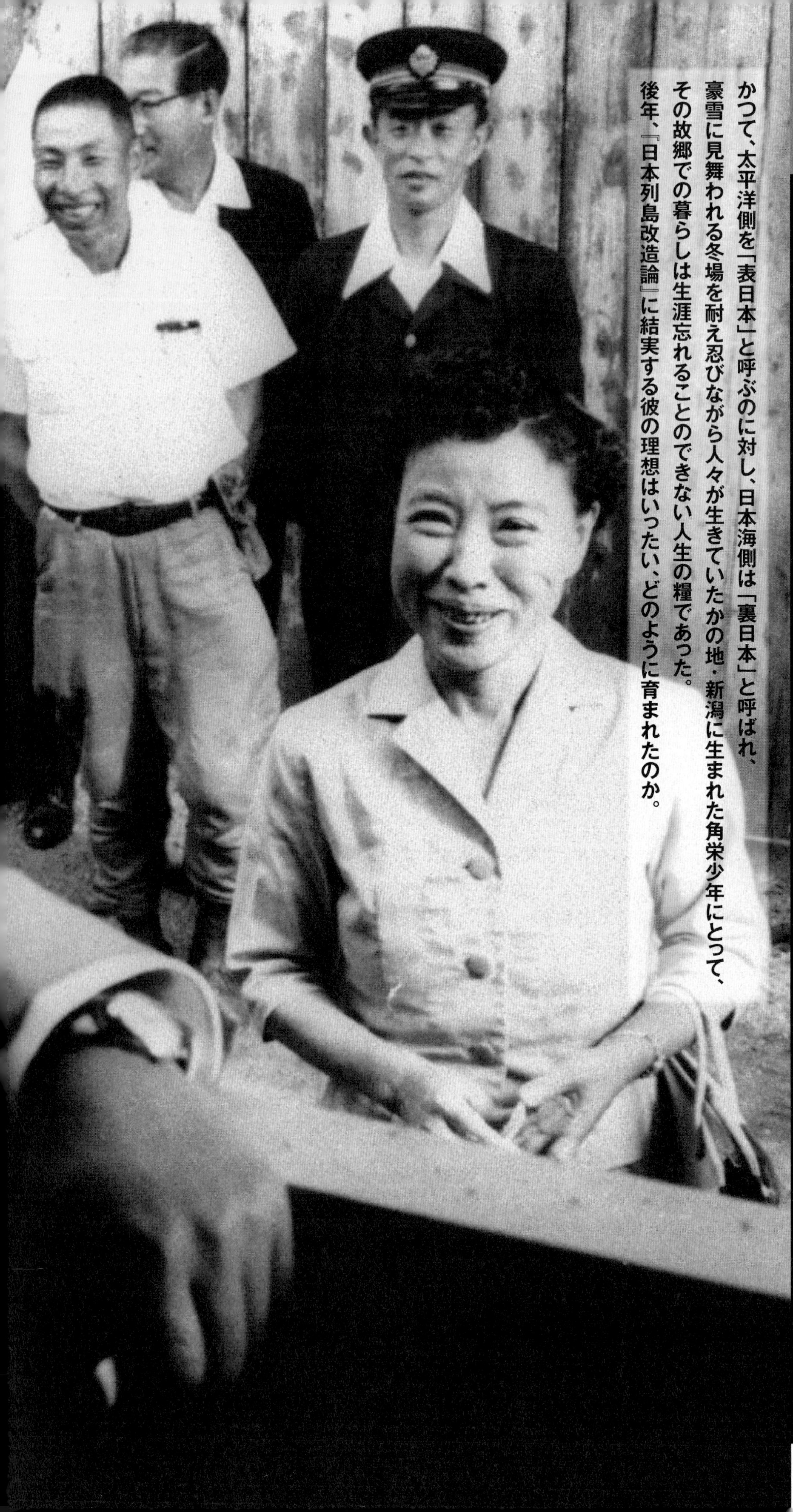

1957年、第1次岸信介改造内閣で最年少の郵政大臣となった角栄。就任後、初めて新潟に帰郷した折、お国入りの車窓のひとコマ

尋常高等小学校卒の宰相

生まれつきの吃音を努力で克服した少年時代

小学校では鼓笛隊に入った。後列中央が角栄少年

伝説の名演説の原点は吃音矯正にあり

田中角栄は、1918年5月4日、新潟県は刈羽郡二田村（現在の柏崎市）で牛馬商を営む父・田中角次と母・フメの次男として誕生。長男は夭折したため、2人の姉と4人の妹の間に挟まれた、跡取り息子として育った。角次の事業失敗のため、一家は極貧の生活を余儀なくされ、フメは家族を養うため、昼夜問わず働き続けた。角栄は成績優秀にもかかわらず、中学校進学を断念することとなる。だが、終生の恩師と仰ぎ、若き角栄の選挙立候補の折、支援を惜しまなかった小学校校長・草間道之輔の知遇を得るなど、実りある出会いも多かった。

生まれつきの吃音は、書物を音読することで克服。そのコツを「自分の発言に自信をもつこと。心の自信をつける以外にない」と角栄は回想録に記している。力みなぎる演説の原点はこんなところにあるのかもしれない。

二田高等小学校の頃の角栄少年。成績優秀で知られた

角栄上京前に撮った母フメ（中央）、
姉フジエ（右）との家族写真

子ども時分、
夜遅く小便に起きても、
お袋は裸電球の下で
つくろいものをしていた。
お袋の寝顔なんか
見たこともなかったなあ。

小学校卒業後、働きに出た角栄を感激させた人夫の言葉

「土方は地球の彫刻家」

土木派遣所で働いた日々が糧となる

尋常高等小学校を卒業すると、角栄は柏崎の土木派遣所で働いた。折しも、県が国の補助を得て、「救農土木工事」を開始した頃だった。1か月ほど働いたのち、給与で折り合いがつかず、辞めざるを得なかったが、ここでも角栄にとって後年まで影響を受ける出会いがあった。現場にいた1人の労働者が彼に「土方は、一番でかい芸術家だ。地球の彫刻家なんだ」という話をしてくれたのである。

角栄15歳。この出会いは、実業家時代の土建業から政治家時代の『列島改造論』に至るまで大きな指針となった。

角栄は記している。

「このときの土方の経験で、わたくしは労働というものがたのしいものだと考えはじめた」（『自伝 わたくしの少年時代』講談社より）

その後、角栄は理化学研究所の大河内正敏を頼って、東京へと向かうことになる。

パナマ運河で太平洋と
大西洋をつないだり、
スエズ運河で地中海と
インド洋を結んだのも、
みんな土方だ。
土方は地球の彫刻家だ。

昭和30年代、実家でくつろぐ田中家。左から角栄、母フメ、娘・眞紀子、父・角次

開花した実業家の才覚

懐中に母がくれた85円を抱え、東京を目指す

1954年、すでに代議士になっていた頃の田中角栄。終戦後、朝鮮半島から帰国、復興特需に田中土建の経営も好調。顧問の大麻唯男に誘われ政治の世界を志す

企業の社長になったら、できるだけ早く大きな仕事をやるべきだ。「熟慮断行」もヘチマもない。

土木会社を立ち上げ全国トップ50の企業に

母フメは上京に際して「お前の月給はそのまま積んであった」と85円のお金を渡し、「男は腹巻きに必ず10円札1枚入れておきなさい。どこで事故があって死んでも無一文では笑われます」と励ました。

上京後、角栄は紆余曲折を経て、理化学研究所（のちの理研コンツェルン）の大河内正敏の知遇を得、１９３７年春に、共栄建築事務所を起業。理研の仕事を主に請け負い、会社を拡大させた。徴兵と病気による除隊を挟み、帰国後、生涯の伴侶・はなと結婚。日本が太平洋戦争へと向かうなか、田中土建工業株式会社を立ち上げ、最盛期には全国で上位50社のうちに数えられるほどの業績を上げたという。

事業は戦中の時勢に乗って、朝鮮半島へ進出。幹部6名とともに朝鮮入りを果たした。しかし、戦況はすでに日本の敗北へと向かっていた。

1946年の戦後第1回目の衆議院選挙にて、四谷での投票の様子

1946（昭和21）年、戦後初の民主選挙始まる

27歳の立候補、28歳の初当選

初選挙で伝説の演説を披露

　終戦の年、戦前から角栄の会社で顧問を務めていた大麻唯男に進歩党への政治献金を依頼された折、角栄は自身の出馬も勧められた。「15万円出して、黙ってひと月神輿に乗っていれば、当選する」とも言われ、立候補を決意する。

　1946年に占領軍の統治のもと、戦後初の普通選挙が実現。27歳の角栄も民主主義という新しい政治を懸命に考えながらの立候補となった。「若き血の叫び」をスローガンに、今日では「伝説」と呼び声高い三国峠演説を行ったのもこのときだ。しかし、慣れない選挙活動ということもあり、37人中11位、落選することになる。

　翌年、戦後2回目の総選挙が行われ、再び角栄は出馬。前回の教訓を活かし、約3万9000の得票数を得て28歳と11か月で当選。翌月の国会で、29歳の国会議員・田中角栄が誕生したのである。

1946年、衆議院議員の名札書き。中央には、この年、公職追放されたのちの総理大臣・鳩山一郎の名前もある

この新潟と群馬のあいだにある
三国峠を切り崩してしまう。
そうすれば、日本海の季節風は
太平洋側に抜けて、
越後に雪は降らなくなる。
みんなが大雪に苦しむことは
なくなるのであります！（三国峠演説）

新人議員時代の角栄。28歳で当選。翌月29歳の誕生日を迎え、熱き志に燃えた

column 1

母が息子に贈った3つの教え

息子・角栄と母・フメの絆

「今太閤」を育てた明治生まれの母

　角栄が権力の階段を上りつめ、総理大臣となると自然、この庶民宰相の生い立ちや家庭、ひいては昭和の世によみがえった太閤秀吉こと「今太閤」を育てた母親にまで、マスコミの関心は伝播していった。たびたび、新潟は二田村（現・柏崎市西山町）の母・田中フメへの取材が行われたという。角栄が権勢を振るうようになればなるほど、息子についてどう思うか、世間の関心は高まった。

　しかし、フメはあくまで質素に庶民の暮らしを守る明治生まれの母だった。家をあけることが多かった父・角次に代わって、貧しい暮らしを女手ひとつで支え、切り盛りした母の惜しみない愛情に角栄は応え続けたのである。

　故郷を出、東京へと向かう息子・角栄に母・フメは3つのことを話した。

「人間は休息が必要である。休んでから働くか、働いてから休むか。そのときには働いてから休みなさい。それから悪いことをしなければ住めないようになったら、家に帰ってきなさい。また金を貸した人の名を忘れても、借りた人の名は絶対に忘れてはなりません」

　この3つの母の教えは、政治家・角栄の一生を支え続けた金科玉条だった。

「コンピューター付きブルドーザー」とも言われた即断即決の実行力と、寝る間も惜しんで学び働いた勤勉勤労の壮絶な日々は、1つ目の教えそのままだ。フメ自身、角栄からいつ休んでいるのかわからない、と言われるほどに働き者だった。

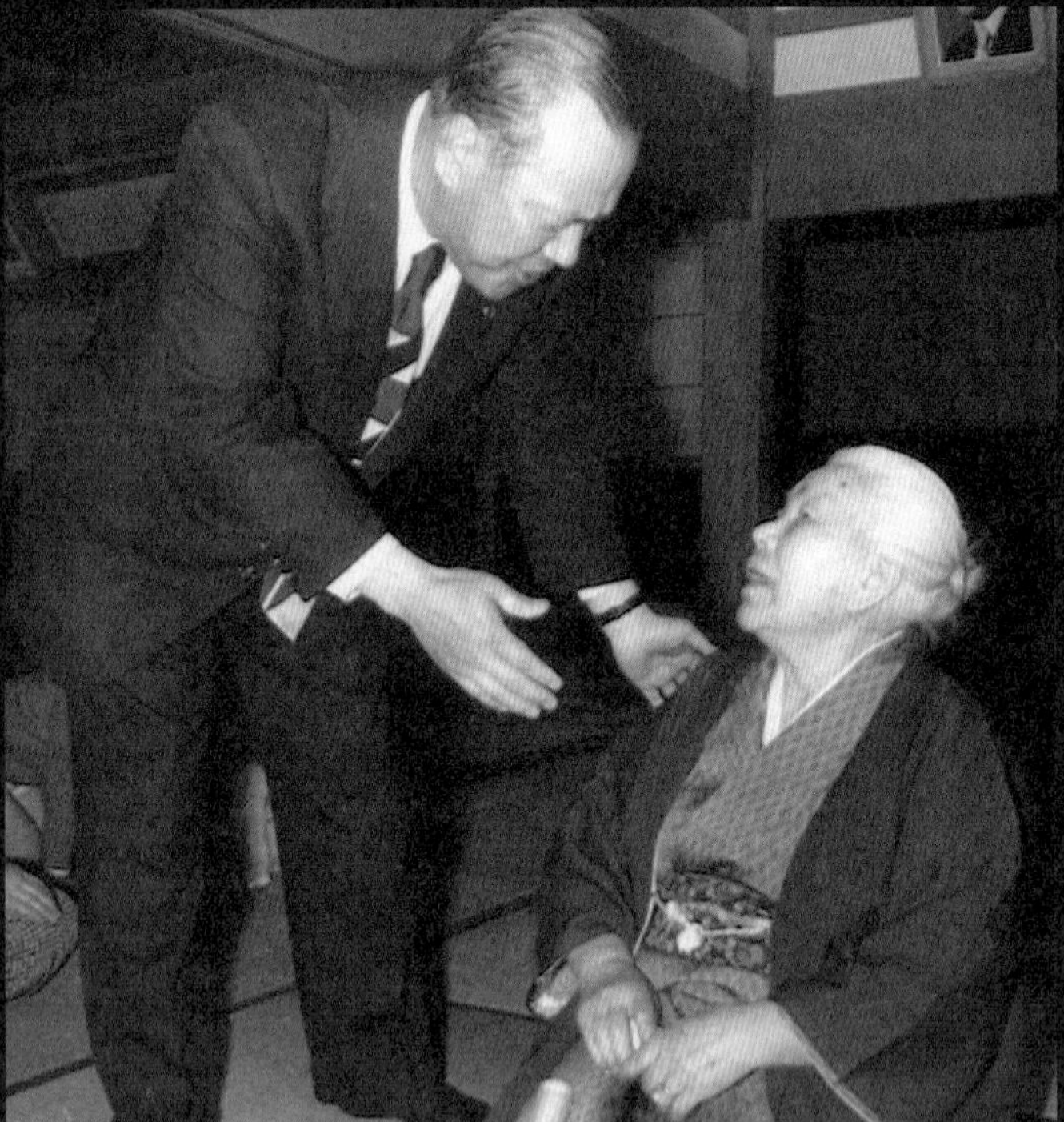

母フメをいたわる角栄。総理大臣になってもいつも郷里の母を気にかけ、母もまた全国を駆け回る子を常に想った

　また、炭管事件やロッキード事件のとき、マスコミはこぞって角栄を非難した。世論は角栄に冷たかった。しかし、それにもかかわらず、そんな角栄を支え続けたのは、実家のある郷里・新潟の人々だった。あわや、政治生命すら危ぶまれた事件の後、角栄を再度、政治の舞台へと押し上げたのは、角栄の地盤、新潟三区だった。2つ目の教えにあるように、まさしく東京での「悪評」を、郷里に帰ることで逆転させたと言える。

　そして、3つ目の教えは、角栄独自の金銭哲学そのままといっても過言ではない。金権政治と揶揄されながらも、角栄は金銭が取り持つ人間の縁を熟知していた。それは、お金の貸し方ひとつとっても人間の機微を理解し、義理と人情で大派閥を運営した手腕となって発揮される。

　敵味方問わず、多くの人々

を惹きつけた人間・角栄は、まさにこの母の教えによって育まれたのである。

稀代の宰相を支えた母子の絆

総理大臣になった角栄に向けて、変わらぬ愛情で接した母・フメ。角栄もまた、同じように母を想った。

首相就任時に大汗をかいた姿でブラウン管の向こうに映った息子の顔をフメはハンカチで何度も拭ったという。はじめは周囲の支援者も笑いを漏らしていたが、その一心に親が子を想う姿に、いつしか、しのび泣きやすすり泣きに変わった。

角栄は角栄で、終生、母が作ってくれた郷里の料理を愛した。新潟県柏崎の昔ながらの味噌で作る具沢山の味噌汁。塩鮭にはさらに醤油をじゃぶじゃぶとかけ、マタタビの塩漬けやスケソウダラと大根の甘辛煮が好物。いずれもこれでもかと濃い味で作られている。

選挙の際には、必ず塩鮭の切り身が皮ごと入った握り飯を食べた。海に面していない角栄の郷里で食べる魚といえば、保存用に塩漬けにしたものが普通だった。このお袋の味を原動力に角栄は、東京

1976年、ロッキード事件で騒がれる渦中、父・角次の十三回忌のために帰郷した角栄を笑顔で出迎える母フメ

や、政財界の舞台で駆け回ったのである。

ときには厳しく母の叱咤激励

ときには母・フメは息子・角栄に厳しい言葉を寄せた。それは彼が総理大臣になっても変わらなかった。

いやむしろ、生まれからすれば、不相応な一国の首相というポストにまで上りつめた息子が「高転び」をしないようにいつも気遣っていたのである。雑誌の取材に応えたフメの、息子への言葉は、母親の愛情がいかに深かったかを偲ばせる。

「人さまに迷惑をかけちゃならねえ、この気持ちだけだな。これだけありゃ、世の中、しくじりはござんせん。他人の思惑は関係ねえです。働いて、働いて、精一杯やって、それでダメなら帰ってくればええ、おらは待っとるだ。アニ（角栄のこと）がどこでなんで命を終えるか、これはもう生まれたときから決まってんでございますよ。おらは覚悟できとります」

「人さまは人さま、迷惑にならねえことを、精一杯働くことだ。総理大臣がなんぼ偉かろうが、そんなこと関係しません。人の恩も忘れちゃならねえ。はい、苦あれば楽あり、楽あれば苦あり、枯木に咲いた花はいつまでもねえぞ。みんな、定めでございますよ。政治家なんて、喜んでくれる人が七分なら、怒ってくれる人も三分はある。それを我慢しなきゃ。人間、棺オケに入るまで、いい気になっちゃいけねえだ」（『文藝春秋』1972年9月号より）

どんなに息子が出世しようと、あくまで新潟の豪雪地帯で暮らした庶民の感覚でもって、接し続けた母・フメ。

母親のときに厳しく叱咤し、ときに優しく激励する素朴な態度が、権力の座に就いた角栄をしていつまでも庶民の感覚を忘れない「庶民宰相」たらしめた所以なのかもしれない。

田中角栄の素顔

小沢一郎が回想するオヤジに怒鳴られた日々

文・大下英治

なぜ田中角栄待望論が沸き起こるのか

最近、「田中角栄」という名前が頻繁に出てくる。「今、田中角栄が生きていたら……」という田中待望論とも言えるものだ。

たとえば、吉田茂元総理も岸信介元総理も、優れた宰相だったと思う。ところが、なぜ「今、吉田さんがいたら……」「今、岸さんがいたら……」ではなく、「今、田中角栄が生きていたら……」という声が起こってくるのか。

やっぱり、田中のオヤジの生い立ちと、性格と、イメージだな。だから、こういう混乱というかな、不安定さを増してきたときに、なんか彼ならば、思い切ったことをやってくれるんじゃないか、という期待感が高まっているんじゃないかな。

吉田さんにしても、岸さんにしても、あるいは、佐藤栄作さんにしても、田中のオヤジのあと総理になった福田赳夫さんにしても、大平正芳さんにしても、みんな役人出身だから。オヤジは、その役人じゃないというところが、何か大胆なことをやってくれるんじゃないかと、今の人に期待されるんだろうね。そして、国民の中にも入っていった。国家のために汗をかこうという姿勢が、国民にもわかりやすく、共感できた。

僕は、実は、戦後政治史におけるリーダーは、みんな同じだと思っている。簡単に言えば、日本人の人生哲学でもある「和をもって尊しとなす」というところからくる「足して二で割る」というものだ。

小沢一郎

昭和17年5月24日生まれ。昭和44年12月、衆議院議員初当選。平成元年以降、自民党幹事長を3期つとめ、平成5年新生党代表幹事、その後新進党、自由党党首をへて平成15年民主党に合流（その後代表に）。平成25年、生活の党代表となる。

●プロフィールは2015年当時のままで掲載

撮影＝田中史彦

大多数の人は、それぞれのリーダーの政治手法は違うと言う。が、やり方が異なるだけである。佐藤さんや竹下登さんは、何も言わずに黙りこみ、落ち着くところをひたすら待ち続けた。竹下さんは、なんとなくみんなの話を聞いて、わかったか、わかんないような顔をしながら、落としどころに持ってくということだしね。

金丸（信）のオヤジは、その中間くらいだね。自らあちこちにボールを投げ、観測気球を上げながら対処する。

田中のオヤジも、すばやく対処するが、基本のレールは同じだった。ただし、田中のオヤジの発想は、独創的に見える。積極的な言動ということが、他の人と違うところだね。それでいて、大勢のレールを踏みはずしているわけではない。同じレールの上だ。

たとえば、官僚と議論し、彼らがどうしようとしているのか、何をしたいのかを、パッとすばやくつかむ。そして、官僚が躊躇し、打ち出せないでいる政策を、先取りして打ち出す。官僚と違うレールを走ろうというわけではない。レールの延長線上のものを先取りしているだけだ。むろん、先見性があったとも言える。それに何より、決断力があった。

オヤジは、理念型の政治家ではないけれど、人を扱う操縦術、あるいは付き合い、そういうのは抜群だね。官僚に対しても、誰よりも操縦術は巧みだった。それは、彼の天性だろうね。

苦労したからとか言う人もいるけれども、天性の人との付き合い方のうまさだろうね。

初めて出会った頃オヤジは幹事長だった

僕が田中のオヤジに初めて会ったのは、昭和44年4月中旬、文京区目白台にある田中邸だ。オヤジは飛ぶ鳥を落とす勢いの幹事長だった。

オヤジは、ダミ声で一気にまくしたてた。

1972年6月、自民党総裁選に向け決起集会に出席した田中角栄と小沢一郎氏

「親の七光を、当てにしてはいけない。カネは、使えばなくなる。選挙区をしらみ潰しに歩け。戸別訪問は、3万軒だ。とにかく名刺を持って歩け。地元の状況を、完全に把握しろ。どこの神社の階段が何段まであるかまで、一木一草を知れ。選挙区の人間を、とことん知り尽くさねばいかん。あそこの家の嫁さんはどこのだれべえの娘か、その家の家族構成はなどなど。一軒一軒回っているうちに、その地域の主要な産業や、土地柄がわかる。地方の選挙区は、日本の縮図だ。その地域を見ていれば、日本の国が、今どうなっているかと想像することができる」

「辻説法は、5万回だ。3分でも5分でも辻立ちをして、自分の信念をしゃべれ。山の向こうを見ても、援軍は来ない。自分でやり抜いてこそ、初めて当選の可能性が生まれるんだ」

　昭和44年12月27日の総選挙で、僕は、7万1520票を獲得することができた。この総選挙の結果、自民党は288議席を獲得した。追加公認をふくめると、300議席という〝奇跡的な大勝利〟をおさめた。幹事長として采配をふるったオヤジの強力なリーダーシップによるところが大きかったね。何しろオヤジは、この選挙で、40人以上の新人議員を誕生させた。そのうち、半分以上は、佐藤派に属したが、それは同時に、オヤジの子飼いであり、いわば〝佐藤派田中系〟に属したことになる。僕も、その中の1人となった。

　僕と長野二区から初出馬し、トップ当選を果たした羽田孜の2人は、オヤジの個人事務所の執務室に挨拶に行った。オヤジは、例のごとく、速射砲のようにまくしたてた。

「おまえたち2人は、政治のことは素人同然なんだ。他の同期生を見ろ。渡部恒三は県会議員、奥田敬和も県会議員、梶山静六は県会議長までつとめている。高鳥修にいたっては、25歳で日本一若い町長になった。それから、県会議員を3期つとめた。みんな政治については、プロだ」

新潟県柏崎市の田中角栄の墓前で手を合わせる小沢氏

　オヤジは、まるでコンピューターのように、すべてのデータを頭に叩きこんでいた。

「それに比べたら、一郎は(日本大学)大学院生、羽田は小田急バスのサラリーマンじゃないか。おまえたちは、他の同期生と同じ気持ちで日々を過ごすなよ。どんな部会であろうと、かならず出て勉強しろ」

ロッキード選挙で オヤジに怒鳴られる

　昭和51年12月5日、第34回総選挙が行われることになった。いわゆる「ロッキード選挙」である。田中派の議員たちは、オヤジの逮捕以来、世論の集中砲火を浴びていた。苦戦を強いられることを覚悟した。まだ、地盤のしっかりしていない若手の議員たちは、なおのこと地元にへばりつかざるを得なかった。

　ところが、僕は、選挙戦のはじまる前から、秘書の中條武彦に言い切っていた。

「中さん、おれは、今回から他の候補の応援に行くからね」

　中條は、あわてて制した。

「今回は、ロッキード選挙といわれるほど、きびしい選挙なんですよ。選挙区にへばりつかないとまずいですよ」

　僕にオヤジから、さっそくお呼びがかかった。中條が、困り果てて、オヤジに報告したのであろう。砂防会館のオヤジの事務所に出かけた。オヤジは、いった。

「一郎、おまえのスケジュール表を見せてみろ」

　僕は、黙ってオヤジにスケジュール表を渡した。この当時の選挙期間は、20日間であった。僕は、この20日間のうち、地元へは半分の10日しか帰らないスケジュールを組んでいた。

　オヤジは、それに目を通す

や、僕を怒鳴りつけた。

「駄目だ。駄目だ、駄目！こんなに選挙区を空けたら、落っこちてしまうぞ。今すぐ、地元重点のスケジュールに変えろ！」

「いや、わたしは、このスケジュールで通します」

「てめぇ……」

「これで落ちるなら、わたしという人間に力がないんです。それなら、仕方がありません」

　僕は、スケジュールを変更せず、予定通り他候補の応援に行った。

　僕は、初当選以来、思いつづけていた。

〈おれの同期生は、45人もいる。その中でも、おれは最年少だ。同期生と同じことをやっていては、政務次官になるのも、大臣になるのも、45番目になってしまうじゃないか〉

　僕が選挙区に帰らないと、かえって危機感から後援会は引き締まった。

　総選挙の結果、僕は、7万1449票を獲得した。前回（昭和47年の総選挙）より1万票あまり得票を伸ばし、トップ当選を飾ることができた。田中派の議員が、軒並み票を減らす中で、前回の選挙よりも票を伸ばしたのは、僕と田村元さんの2人だけだった。

　この選挙を契機に、派内での僕の評価も高まった。2回生ながら、他の候補者の応援に駆けまわったことで一目おかれたんだろうな。

　なおオヤジは、この選挙で16万8522票も獲得し、トップ当選を果たした。

オヤジは権力志向の人間ではないと考えている

　昭和58年10月12日、ロッキード事件丸紅ルートの判決公判が行われた。オヤジは懲役4年、追徴金5億円の実刑を宣告された。昭和52年1月27日の初公判以来、一日も欠かさず公判を見続けてきた僕は、残念でならなかった。

「駄目だ。駄目だ、駄目！
こんなに選挙区を空けたら、落っこちてしまうぞ」
「いや、わたしは、このスケジュールで通します」
「てめぇ……」

　ぼくは、オヤジの有罪をある程度、覚悟していた。当初から、この裁判でオヤジが無罪になるとは、とうてい思われなかった。

　が、その一方で、この裁判には大きな過ちがあると感じていた。

　オヤジが無罪になったら、裁判所がひっくり返ってしまう。だが、この裁判は問題を残した。なぜなら、最高裁判所が勝手に免責を与えて、嘱託尋問調書を取った。その調書を、証拠能力あり、証明力ありとして判決したからだ。これは、司法の自殺行為だ。かたや、『罰しないから、何でもしゃべれ』と言っておきながら、それを証拠として罪に問う。まるで、おとり捜査じゃないか。総理経験者が逮捕されるべきではないとも考えていた。

　オヤジは、力ずくで総理になったのではない。公正な総裁選を経て、選ばれた総理なんだ。

　民主主義的な手続きで選ばれた日本の最高指導者を、法で裁くべきではない。

　当時、世間は、オヤジを権力の権化だと批判した。が、その認識は間違っている。オヤジが、本当に権力とはなんたるかを知っていたら、あるいは権力を使うことを躊躇しなかったら、なんでもできた。なぜなら、総理以下、すべての人事権を掌握していたからだ。

　それなのに、オヤジは検察に対して権力を行使しなかった。その代わり、オヤジは田中派の議員数を膨張させた。所属議員が多ければ、国民の支持もそれだけ高いということだと単純に考えた。オヤジは、そういう意味では極めて民主的だった。権力志向の人間では、決してないと考えている。

1983年8月、田中派研修会での角栄と小沢氏

田中角栄の一生

第3章

The life of
Kakuei Tanaka

権力の座へ

実業家から政治家へ。初当選後、異例のスピード出世で並みいる大学卒のエリート代議士を押しのけ、保守本流の吉田派の要職に。岸内閣では史上最年少の郵政大臣、池田内閣でも同じく最年少での大蔵大臣に就任。自民党幹事長、佐藤内閣での通産大臣と、権力の階段を駆け上がる、田中角栄・疾風怒濤の時代!!

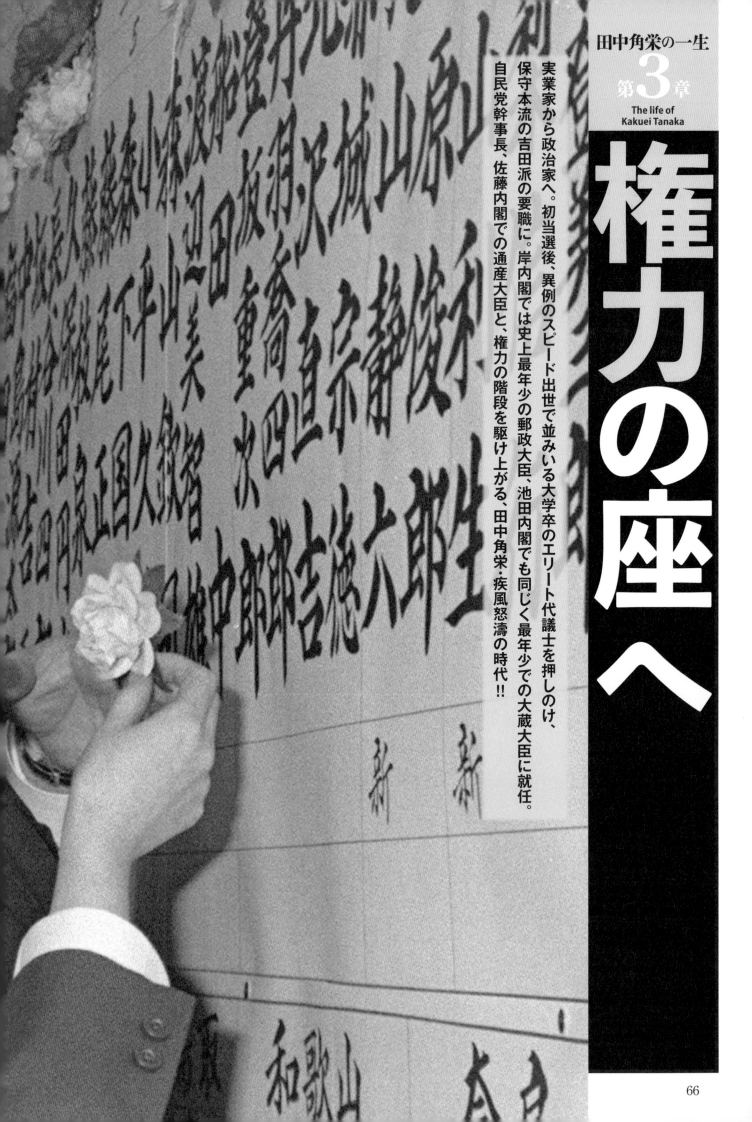

角栄が幹事長を務め、自民党の大勝に終わった1969年12月の衆議院選挙。当選の花が相次ぐ

1949年、東京地裁で開かれた炭鉱国家管理汚職事件の初公判・被告席。最前列右から2人目が若き日の田中角栄（当時、民自党代議士）

のちのロッキード事件騒動の原点はここにあり

炭管事件と獄中立候補

わずか10日間の選挙活動

角栄が国会議員になった頃、ときの政権、片山哲（社会党ほか連立政権）内閣は石炭の増産を目指して、国有化を進める臨時石炭鉱業管理法の成立に力を入れていた。角栄はこれに反対。「親方日の丸」には否定的で、民営の企業が伸び伸びと仕事ができるようにする環境こそ庶民にとって重要と考えていたのだ。

結果、民間の炭鉱業者から賄賂を受け取ったという疑惑により、獄中の人となった。不幸にも、その後の芦田内閣から政権を引き継いだ第2次吉田内閣が衆議院を解散したのと重なり、角栄は獄中から立候補しなければならなくなったのである。

選挙日は１９４９年1月23日。角栄が保釈されたのはその10日前のことだった。このわずかな期間に、角栄は身を粉にして豪雪の新潟三区を行脚。得意の辻説法と戸別訪問を繰り返し、得票数４万２５３６票で見事、当選を果たしたのだった。

1948年、東京は牛込南町の田中角栄邸に押しかける検察

失敗はイヤというほど
したほうがいい。
そうするとバカでないかぎり、
骨身に沁みる。
判断力、分別ができてくる。
これが成長の正体だ。

東京地検に任意
出頭した角栄

東京タワーは角栄が完成させた!?
史上最年少39歳の郵政大臣

郵政大臣となって地元・新潟に初めてお国入りした角栄。郷里の人々は故郷に錦を飾る角栄を温かく迎えた

テレビ時代の到来を予感した若き角栄

1957年7月、角栄は郵政大臣として岸信介改造内閣に入閣。初当選から10年後の大抜擢だった。39歳の郵政大臣は、史上最年少である。

新人議員から10年の間に自ら成立させた議員立法は25法にも及ぶ角栄が、郵政大臣就任後に手腕を発揮した仕事がテレビ局の大量免許だった。まだ高価だったテレビ受信機は、遠からず、各世帯に普及するようになることを公言し、NHK7局、民放36局の予備免許を出し、一挙にテレビ・通信網の整備を確立したのである。

テレビに関連して、面白い逸話がある。当時、東京タワーは建築基準法の制限で半ば、工事が止まっていた。実は、この法律を立案したのは角栄本人だったのである。「建築基準法を立案したのは私だ。あれは広告塔であるから、基準法の範囲ではない」と談判。無事、工事は再開された。

1958年当時、完成間際の東京タワー。角栄が郵政大臣就任当初、建築基準法のために地上31メートルの高さ制限にひっかかり、工事が中止されていた

新潟は雪の深い国である。
深い雪は誰かが最初に
かきのけなければ、
道を拓くことはできない。
そこから学んだ考えが、
私の態度を決めるようになった。

「終生の恩師」と仰いだ二田小学校校長・草間道之輔は講堂の飾られた額に書された教えを少年・角栄に優しく説いた。そのうちのひとつ「至誠の人、真の勇者」をお国入り時に郵政大臣として揮毫（きごう）する角栄

column 2

「若き血の叫び」がほとばしる、郵政大臣・田中角栄「三十代大臣の弁」

若き日の角栄のマニフェスト

後年、ときの内閣を取り仕切り、選挙では大派閥を率いて圧倒的な数の論理で勝利をおさめた田中角栄。「闇将軍」とも称され、病によって政界引退を余儀なくされるまで、政治の舞台に固執し続けたことも有名だ。

政治家になろうと、国政に打って出る多くの新人にとって、その初発においては常に「青雲の志」というものがある。永田町の政治を経験することでいつしか、若者の初心は忘れられ、壮年の政治家は得た権力を守ろうと執着する。

果たして、角栄もまたそうした凡百の政治家と同じだったのだろうか。

彼が初めて選挙に出馬した折、その選挙ポスターのキャッチフレーズになったのが「若き血の叫び」「祖国愛に訴える」。有名な「三国峠演説」が飛び出した選挙である。

作家・半藤一利は旧制の中学校時代、この若き角栄が長岡の街角で辻説法をするのを聞いたという。

「越後の人間はこれまで西の海にすとんと落ちる夕陽しか見てこなかった。いいですか、みなさん、私がかならず皆さんに、東の海からゆらゆらゆったりと昇る朝日を見せてあげる。約束しますぞ。越後山脈のどてっ腹に穴を開け、高速の鉄道を建設し、道路を通し、2時間か3時間で東京に着くようにしてみせる。そうすれば朝日が確実に見られる、そうでしょう、皆さん」（早野透著『田中角栄』中公新書より）

郵政大臣就任を故郷の墓前に報告する角栄

このときの志は、そのまま、角栄という政治家の生涯を貫いている。豪雪の地のつらい日々をいかに改善するか、新幹線と高速道路という交通インフラの整備を軸にした彼の政策は、ただの法螺《ほら》ではなかった。初当選から25年後、総理大臣となった角栄は、『日本列島改造論』として結実した青年の日の夢を確かに実現するのである。

再録・30代郵政大臣の弁

1957年10月に刊行された雑誌『キング』（講談社）の誌上には「三十代大臣の弁」という記事が掲載されている。そこには39歳で郵政大臣になった田中角栄の、率直な抱負と独特のサービス精神が溢れ、どこか、彼独自の節回しも感じさせる。30代の角栄の貴重な言葉、ここではその一部を再録しておこう（原文ママ）。■

私がいわゆる「三十代大臣」になったことは、ある意味があるとおもっている。それはドライ派といわれる全国青少年にあたえる影響である。現在の社会機構は、いろいろの意味で、門閥とか名門学校を出ていないと、頭角をあらわすことがむつかしいと考えられている。

ところが、私は門閥もなければいわゆる名門の学校を卒業したわけではないが、私は「青年よ、起て！」と呼びかけたい気持がある。必ず、私につづいてくれる青少年のあることを信じているのである。

■

本当をいうと、三十代で大臣になったからといって、私自身はちっとも早いとはおもっていない。むしろ、もっと早くなれたはずだと考えているくらいである。なぜなら、代議士は当選五回、十一年間やっている。その年数からいえば、私よりずっと後輩のひとが先きに大臣になっている。……だいたい私という人間は、自分の年齢よりおませなのである。少なくとも十歳はおませである。

郵政大臣として最初の大仕事はテレビ局の大量許可。開局申請者の仕分けを行い、一気にテレビ網を整えた。テレビ放送が始まり、角栄自身も多数出演。写真はNTVのスタジオで民謡を歌う角栄

自分の過去をふりかえってみると、それがよくわかる。十歳のときは十五歳ぐらいの気分だった。二十代のときは三十代で、家を建てたし、七歳も年上の現在の妻と結婚している。三十代では四十代で、土建会社を作ったり、長岡鉄道の社長をやったりしている。だから、現在では、四十代から五十代にちかいといったほうがぴったりとする気持である。

■

私には超人的な知恵や才能や力があるわけではない。ただ、おなじ年代のひとと比べれば、少なくとも十代は早くやったというに過ぎないのである。だから、政界の仕事にしても、あと十年間くらい、全力を尽くしてやれるだけのことをやったら、あっさり辞めてしまってもいいとおもっている。……いま、大臣になったからといって、妙に力んだり張り切ったりして、これで押していけば、将来の総理になれるかなぞと考えたりはしない。そんな大器だとおもっていないからである。

■

子供のときから生きものは好きだが、その中でも馬と鯉は大好きだ。馬は父が飼っていて子供のときから乗ったものである。そんな関係で、私は競馬が好きになった。鯉は新潟で池のかい掘りでずいぶん取ったことがある。

私が政治をやめてからの夢も話すと、この鯉を一万尾くらい飼ってみたいということである。それからもう一つ、これも子供時分から夢みてきたことだが、ブラジルへ移住して機械化の大農場を経営してみたいということである。

人生、死ぬまでアクセクするのが能じゃない。やることをやったらそのあとは、自分の好きなことをやって余生を過ごす余裕くらいはもちたいとおもっている。

1969年、都議選で自民党を第一党へと導いた幹事長時代の角栄

政党人最高のポストは幹事長

自民党幹事長と「選挙の神様」

「選挙の神様」もときには苦戦を強いられた。京都府知事選で敗北し、頭をかかえる角栄

天職「党幹事長」として選挙に勝ちまくる

岸内閣で郵政大臣を務めた角栄は、その後、池田勇人内閣では大蔵大臣、佐藤栄作内閣では大蔵と通産大臣を務めた。いずれも戦後を代表する大宰相に手腕を買われ、いかんなくその力を発揮した。

その角栄が「政党人最高のポスト」と呼んだのが、幹事長職である。第1次佐藤栄作改造内閣で大蔵大臣を辞任したのちに、自民党幹事長に就任。延べ4年1か月、2020年に二階俊博氏に更新されるまで歴代最長だった。

党内人事から、野党との折衝、国会運営の陣頭指揮、そして選挙候補者の選定から選挙戦の采配、繊細な気配りと大胆な決断力が共存する角栄にとって、それは天職だった。

後年、「選挙の神様」とも呼ばれ、多くの首相候補を勝たせてきた男は語る。

「選挙は絞り出した汗の結果が出る。手抜きをした奴が負けるんだ」

戸別訪問3万軒、
辻説法5万回、これをやれ。
やり終えたら初めて
当選の可能性が生まれる。
そしたら、改めてオレのところへ来い。

1965年の参院選で、宣伝車に乗ってパレードに出かける当時の自民党総裁・佐藤栄作と幹事長の田中角栄

1970年９月、新潟県と福島県の県境が只見線六十里越トンネルによって繋がった。貫通式にて乾杯をする自民党幹事長時代の角栄

無名の10年が生み、大臣経験が育んだ野望

道路は文化だ!!

インフラ整備という野望

角栄が郵政大臣に大抜擢される前の10年、いわゆる「無名の10年」と呼ばれた議員時代に、25法の議員立法を成立させたことはよく知られている。42年間の議員生活で成立させたのは延べ33法、直接的、間接的に関わったものも含めると１００法をゆうに超えるという。なかでも「無名の10年」時代に成立させた道路立法は、角栄の政治家人生において、もっとも重要な法案のひとつだった。雪に邪魔されない道路、山々を貫くトンネル、それさえあれば、たとえ急病人がいてもすぐに駆けつけることができる。政治とは生活であり、生活とは文化である。この文化を支えるのが、角栄にとっては、道路だった。「道路は文化だ!!」この角栄の名言は伊達ではない。インフラの整わない地方では、それ自体が人間の命の危機にかかわっていたのである。

角栄は、新道路法の成立に尽力。国道を交通の発達と公共の福祉の増進という観点から再編成し、国民のための道路を目指した。１９５２年６月に道路法は成立、56年には道路整備特別措置法も誕生した。当初は公の道路の有料化に反対する声が多数だったが、これがのちに高速道路へと発展していく。こうして道路法案の成立に奔走した角栄は、日本全国の交通網をあまねく把握した。ヒト、モノが行き交う交通網の次は、なんといっても情報の行き来である。

郵政大臣に就任すると、テレビ局の許可、特定郵便局設置拡大を構想するなど、大胆な改革に乗り出す。また郵便局の財源の公共投資や、地方の郵便局を中心に地域票を集めるなど、手腕を発揮した。

道路と郵政。若き日の角栄が政治の仕組みの中核に置いたヒト、モノ、情報の流れは、いずれもカネと票に行き着き、自民党の長期政権を下支えすることとなった。

丸の内で酔ってひっくり返っても
すぐ救急車で運んで、命に別状はない。
同じことを北海道でやったらどうか。
そういう格差をなくそうじゃないか。

1957年の年末、忙しい都内の郵便局を激励に訪れた田中角栄・郵政大臣。大臣時代、特定郵便局2万局設置を目標に掲げた。列島改造は、人、モノ、カネ、情報が行き交う一大網を整備することだった

90万部ベストセラー、角栄政治の屋台骨

『日本列島改造論』の誕生

雪のなか、地元・新潟で演説をする角栄。この豪雪との苦闘が「日本列島改造」という構想に結実する

田中角栄の悲願 地域格差の是正

角栄政治の代名詞と言えば、何といっても『日本列島改造論』である。道路立法の成立や郵政相を務め、日本全国の交通情報網の実態を把握した角栄は、蔵相時代にはカネの流れを、通産相時代には輸出入や産業など、モノの流れを頭に叩き込んだ。いよいよこの経験は、日本列島改造という一大構想へと結実していく。

もともとは自民党都市政策調査会・会長時代にまとめていた「都市政策大綱」をたたき台に、通産官僚や秘書で元記者だった早坂茂三、出版元となった日刊工業新聞の記者たちが集まり、角栄の話を聞きながら、分担して各章にまとめあげたのが『日本列島改造論』だった。

都市の過密と地方の過疎を防ぎ、経済格差をなくす。そのために交通網と情報インフラを整え、地方に産業を確立させる。これこそ、幼い頃より抱いてきた、田中角栄・長年の悲願だったのだ。

90万部を売り上げた『日本列島改造論』（日刊工業新聞社）

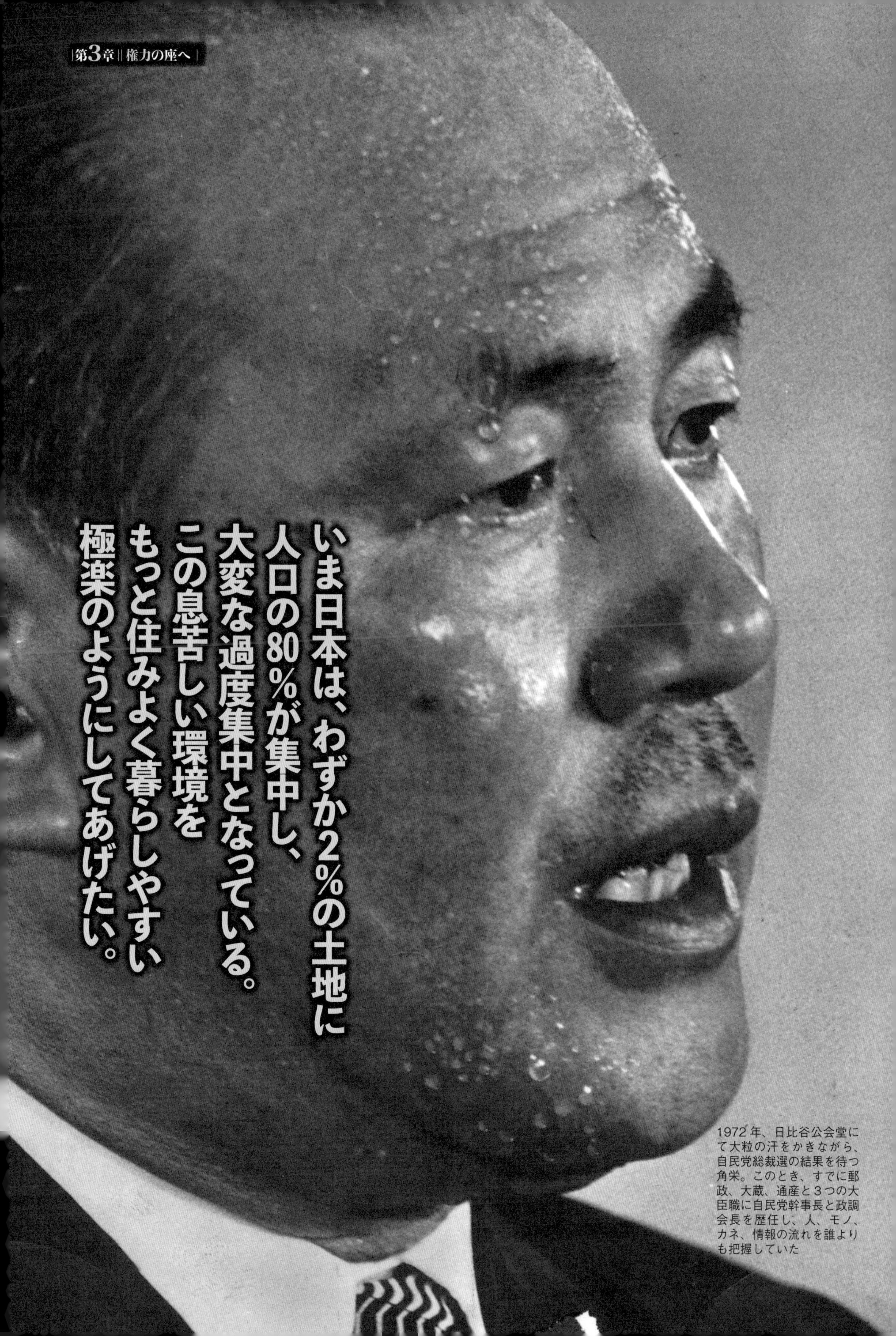

いま日本は、わずか2%の土地に
人口の80%が集中し、
大変な過度集中となっている。
この息苦しい環境を
もっと住みよく暮らしやすい
極楽のようにしてあげたい。

1972年、日比谷公会堂にて大粒の汗をかきながら、自民党総裁選の結果を待つ角栄。このとき、すでに郵政、大蔵、通産と3つの大臣職に自民党幹事長と政調会長を歴任し、人、モノ、カネ、情報の流れを誰よりも把握していた

column 3

田中角栄が仕えた名宰相たち

戦後を代表する首相
池田勇人と佐藤栄作

保守本流に入り込む田中角栄

1948年3月、民主クラブと自由党が合同し、衆議院で152人の民主自由党を結成。吉田茂を総裁に頂く、保守本流が成立する。民主クラブに所属していた角栄は、このとき、吉田茂の知遇を得て、選挙部長（現在の選対委員長）に大抜擢された。

当選2年目の代議士が、保守本流の選挙を手がけるようになったのだ。以来、角栄と選挙は切っても切れないものとなった。

政界における角栄の顔の広さは、その大派閥を維持し続けたことでも群を抜いている。しかし、それは自身の田中派という派閥内に限らず、他派閥や中間派閥に属する議員とも積極的に交流を重ねた。吉田派を二分した、池田勇人、佐藤栄作という歴代首相たちの内閣の両方で閣僚を務めた角栄の、独自の政治家哲学がそこにはあった。後年、角栄は語っている。

「こういったような付き合いはね、けっして自分の派閥のなかだけじゃないんだ。わたしは長いあいだ〝まとめ役〟ばかりやってきた。あっちとこっち、つないでまとめる役をね。そういう役というのは、中間派の協力がなければ何もできない」（早坂茂三著『田中角栄回想録』集英社文庫より）

最盛期には衆参合わせて140人となった田中派議員をまとめあげた角栄。

「数は力なり」としばしば呼ばれる角栄政治の原点は、池田勇人と佐藤栄作という戦後を代表する両宰相が活躍した、いわば自民党政権の最盛期と言っても過言ではない時代にあったと言える。

角栄は、両者のあいだを行き来しながら、人の縁が生み出す数の論理が政治の世界ではいかにモノを言うか、身をもって知ったのである。

池田勇人首相（右）と第2次池田内閣で大蔵大臣として入閣した角栄

池田勇人内閣と佐藤栄作内閣

第2次池田改造内閣では、角栄は大蔵大臣に抜擢された。岸政権では史上最年少の郵相を務めたが、ここでもまた史上最年少の44歳の蔵相が誕生したのである。

都市化に基づく経済の発展を画策した池田内閣の目玉「所得倍増計画」。これに角栄は、地方の開発による地域格差の是正を加えて、「愛の政治」と呼んだ。いわば、ここにのちの『日本列島改造論』の萌芽が見て取れる。角栄はその後、佐藤内閣に入閣することとなるが、元来、佐藤よりも池田のほうに馬が合っていたという。親しい仲だった2人はいずれも「来る者はこばまず、誰でも来なさい」といったタイプの政治家だった。

秘書の早坂曰く、角栄は「政治家の系譜でいえば、まぎれもなく池田勇人の流れを汲んでいた」と後年、回想している。

池田内閣の後を引き継いだ佐藤内閣では、角栄は蔵相を留任。1971年、第3次佐藤内閣で通産大臣に就任した。これは、佐藤がノーベル平和賞を受賞するきっかけとなった沖縄返還問題において、その見返りにアメリカが要求していた繊維輸出の制限問題、いわゆる「日米繊維交渉」の解決を託されての抜擢だった。

ニクソン大統領が激しく迫った繊維問題は、佐藤内閣の歴代通産大臣、大平正芳や宮澤喜一らをもってしても解決できず、持ち前の胆力と交渉力を見込まれた角栄に白羽の矢が立ったのである。

角栄は、輸出規制で余った国内の織機を政府が買い上げるという解決策に打って出、日米間の繊維交渉を解決した。「縄（沖縄）と糸（繊維）を交換した」とも揶揄された外交だったが、のちに角栄は「縄と糸が交換できるもんならば、それはするべきだな」と回想している。いわば、沖縄返還の裏に、角栄の活躍があったとも言える。

佐藤内閣では大蔵、通産大臣を歴任。佐藤栄作の右腕として活躍

池田と佐藤のあいだを取り持った角栄

池田と佐藤、それぞれの内閣で要職を務めた角栄は、吉田派の派閥を割って対立を続ける両者の調停を、他でもない吉田茂本人から直々に頼まれてもいた。こんなエピソードがある。ある日、湘南は大磯にある、「七賢堂」と名づけられた吉田茂の私邸に、角栄は呼ばれた。すると吉田は、自分の愛弟子である池田と佐藤を戒める書をしたため、角栄に託したという。

池田には「呑舟の魚は支流に遊ばず」という一文。舟を呑み込むような大きな魚は、小さな川では泳がない、という意だ。また、佐藤には、小物には人生の奥深さなど知るべくもない、といった意味の「燕雀は知らず天地の高さ」という書を贈った。そして、角栄にも「蛟龍、雲雨を得」と一筆書いてくれたという。お前さんにもいずれ、時がくるよ、といった意味である。

池田・佐藤のあいだを取り持った角栄は、両者の印象を後年、次のように評していた。

「池田さん、この人は政策の人だ。自分でどんどん政策をやっていける。ところが池田さんは、わたしを主として政策面に登用したわけだよ。……一方、佐藤さんは党運営の大ベテランだ。ところが、その佐藤さんはわたしを幹事長に起用した。これはどういうことか。池田さんも佐藤さんも、それぞれ自分の土俵にわたしを引き入れて使ったほうが、「田中、与しやすし」と思ったんだろうな」（前掲同）

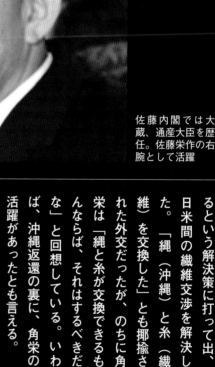

田中角栄の素顔

「これは凄い大臣が来た！」元・秘書官が回想する「日米繊維交渉」と『日本列島改造論』

通産大臣、総理大臣時代の秘書官として、政治家・田中角栄の絶頂期の風景を見た小長啓一氏（弁護士、元通産事務次官）。角栄の代名詞でもある昭和のベストセラー『日本列島改造論』（日刊工業新聞社刊）の刊行にも深く関わった同氏が、主に通産大臣時代の田中角栄について回想する

通産相・角栄が語った「雪」と政治の関係

田中角栄さんが、第３次佐藤改造内閣の通商産業大臣に就任したのは１９７１年７月のことでした。

通産省の官僚だった私はこのとき、田中大臣の秘書官となり、そこから１９７４年12月の総理退陣まで、約３年半にわたり田中さんに秘書官として仕えることになりました。

田中さんの前の通産大臣は宮澤喜一さん（故人）でした。宮澤さんに仕えていた秘書官は昭和31年（１９５６年）入省。これはあとから聞いて知ったことですが、内閣改造で大臣の交代が予想されたとき、当時の人事担当者はこう考えていたのです。

「もし宮澤氏より政治キャリアが長い人が通産大臣になれば、入省年次が昭和31年より前の人、同格の人であれば昭和32年入省、短い人になればそれより若い人から秘書官を選ぶ」

結果的に宮澤さんより政治家としてのキャリアが長い田中さんが通産大臣に就任したことで、昭和28年（１９５３年）入省だった私が秘書官に任命されたというわけです。

小長啓一（こなが・けいいち）
1930年岡山県生まれ。岡山大学法文学部を卒業後、1953年通産省（現・経済産業省）入省。1971年、田中角栄通産相の大臣秘書官となり、日米繊維交渉や1972年に6月に刊行された『日本列島改造論』の制作に携わる。同年、角栄が総理大臣に就任すると総理大臣秘書官に起用され、約３年半にわたり角栄に仕えた。1984年に通産省事務次官。退官後はアラビア石油社長、AOCホールディングス社長等を歴任。現在（一財）産業人材研修センター理事長。2007年より弁護士（島田法律事務所所属）。

「田中通産大臣」が決定した当日、私はさっそく官房長とともに官邸へ出向きました。

「通産省といたしましては、小長を秘書官に推薦したいと思います」

官房長がそういった趣旨の説明をすると、田中さんはすぐさまこう言いました。

「分かった。君らが決めたことに異存は一切ない。よろしく頼む」

すでに幹事長や大蔵大臣を歴任した大物政治家でしたから、後光が差すような迫力を感じましたね。

「コンピューター付きブルドーザー」と呼ばれた田中さんの活躍ぶりは、私も新聞やテレビを通じて知ってはいましたが、本人と直接、面と向かって話したのはこのときが初めてでした。

通産大臣に就任した田中さんは、職員を前にこんなスピーチをしました。

「私が郵政大臣に就任したときも、大蔵大臣になったときも、事務次官は私より年上でありました。私は東大を出て

いないが、もし出ておれば昭和16年前期入省。そしてここ通産省の両角事務次官は昭和16年後期入省でありますから、やっと先輩面できるのであります」

この第一声で、もう多くの職員が田中さんに魅了されてしまいました。官僚にとって入省年次というのは非常に大切なものですが、こういう場できっちり「君たちのことはよく知っているぞ」とアピールするための要点をしっかり押さえている。一度覚えたことは絶対に忘れない、記憶力抜群の人でした。

大臣の秘書官という、生まれて初めての仕事を始めるにあたって、私は田中さんが大蔵大臣時代（1962年～65年）に秘書官をつとめた大蔵省の官僚をたずね「田中角栄の流儀」についてアドバイスを受けました。

彼はこう言いました。

「とにかく忙しい人だ。あとをついていくだけで大変だ。事務方が長々説明したって聞く人じゃないからな。まずそこに慣れることだ」

その忠告が「まさにそのとおり」であったことを知るのに、時間はかかりませんでしたね。

秘書官に就任して2～3日日ほどたった頃、田中さんとこんな会話がありました。

「小長君、生まれはどこだ？」

「岡山県です」

「岡山か。岡山といえば、雪はロマンの世界だよな」

いきなりの話題に戸惑った私を見て、田中さんはさらに続けました。

「川端康成の『雪国』の世界、つまりトンネルを越えたら銀世界が広がっていて、それを窓外に愛でながら酒を酌み交わす……そんなイメージだろう」

「ええ……」

「だがな、俺にとって雪は生活との闘いなんだ」

当時の私にはその言葉がズッシリと響きました。

仕事に対する年季も違うし、心の入れ方が違うと感じたわけです。口にこそ出しませんでしたが、これは生半可な仕事をしていては、田中さんの秘書官はつとまらない。そう思いました。

私はすぐに田中さんが自民党都市政策調査会長時代に取りまとめた「都市政策大綱」（1968年発表）を読み、また過去に田中さんが議員立法で作った数々の法律を頭に入れることから始めました。これが後に『日本列島改造論』の内容を固めるうえで大変役立つことになるのです。

日米繊維交渉で見せた鮮やかな交渉手腕

通産大臣としての田中さんが最初に抱えた試練は日米繊維交渉でした。

これは田中さんが大臣に就任する3年前から日米間に横たわり続けたやっかいな政治問題でしたが、田中さんはわずか3か月で見事に解決してみせました。

あのとき、田中さんは所管事項の説明をした担当局長らに宣言しました。

「この日米繊維交渉については従来の方針で良い。君たちの言うとおりやる」

いままでと同じ方針で行こう、というわけですから、大きな作戦変更を好まない事務方は、ほっとしたわけです。

1971年9月、日米の経済閣僚が一堂に会する日米貿易経済合同委員会が米国で開かれ、そこに当時の福田赳夫外相や田中角栄通産相らが出席し、交渉に当たりました。

「被害のないところに規制なし。それがGATTの原則だ」

田中さんは米国のコナリー財務長官、スタンズ商務長官らに対して、堂々と正論を主張しました。そしてこう言いました。

「われわれ日本は自由貿易の原理をアメリカから学んだ。確かに日本は米国に対して黒字かもしれないが、産油国に対しては赤字である。全体を相殺すればバランスは取れている。繊維だけを取り上げて輸入制限をしろというのは、自由貿易の原理原則に反することじゃないか」

私はそれを聞いて「これは凄い大臣が来たもんだ」と驚きました。

事務方が言いたい論理を2倍、3倍にして堂々と言ってのける大臣などそれまでいなかったですからね。随行者一同、田中大臣に対する信頼と尊敬の気持ちを高めて帰国したのです。

しかしアメリカ側も易々とそれを認めるわけじゃない。それどころか「対敵通商法」という切り札を発動して、日本に対して一方的な輸入制限をする構えを見せてきたわけです。

帰国していた田中さんは「ちょっと集まってくれ」と通産省の幹部を招集しました。

「君らの言うとおりにやってきた。しかし局面は好転しない。むしろ悪化した」

田中さんが、これまで強硬に日本側の主張をアメリカにぶつけてきたことは、誰もが痛感していました。それだけに、次の言葉には説得力がありました。

「ここらが潮時かもしれない。対案を考えたほうがいいな」

すでに誰もがそういう気持ちでした。結局、このときは理不尽であってもアメリカの要求を呑み、輸出が制限される日本の繊維業界には、得べかりし輸出利益喪失部分を金銭で補償する。具体的には、過剰老朽織機の買い上げ費用に充当する。そのことで日米貿易全体を正常化させようとしたわけです。

問題は、その補償金額でした。あのとき、田中さんは日本の繊維業界に2000億円を補償するという案を採用しました。

当時の通産省の年間予算が約4000億円でしたから、とてつもない額です。

私なども言いました。

「大臣、2000億円は無理かと思いますが」

「問題は金額だけか」

「そうです」

「産業政策上の問題はないな」

「ありません」

「それなら総理に電話だ。水田（大蔵大臣）にもだ」

田中さんは官邸の佐藤栄作総理に電話し、交渉をまとめるために2000億円が必要であることの了承を求めました。

そして水田三喜男大蔵大臣にも電話し「総理も了承しているから」と2000億円の確保を認めさせたのです。本当にそのとき了承を得ていたのかは分かりませんがね（笑）。

それだけではありません。そのとき私を呼んだ田中さんは「俺の名刺を持ってきてくれ」と言うのです。

田中さんは自分の通産大臣の名刺の裏に「2000億円の件よろしく」と書いて私に手渡し、こう指示しました。

1972年に空前のベストセラーとなった『日本列島改造論』。角栄自身が指定した日刊工業新聞社から発売された

「これをいまから大蔵省の主計官に渡してきてくれ」

事務方どうしが交渉しやすいようにとの、キメ細かい配慮だったのです。

大きな政治決断と、小さな気配りが同時にできる。その手際は鮮やかでした。こうして田中さんは長年の政治問題を短期間で解決したのです。

空前のベストセラー『日本列島改造論』秘話

日米繊維交渉がひと段落した1971年の晩秋のことでした。

田中さんがこう言いました。

「俺はいままで国土改造の問題についてはいろんな場所で勉強を積んできた。道路、河川、ダムについては建設省。鉄道、空港のことは運輸省。そして通産大臣になって、工業面から見た国土改造問題についてひととおり学ぶことができた。ちょうど代議士になって25年という節目も迎えることだし、ここらで、この問題に関する自分の考えを1冊の本としてまとめたいと思うが、協力してもらえるか」

もちろん、秘書官である私が反対する理由はありません。これが、田中さんの代表作である『日本列島改造論』が生まれる最初のきっかけとなりました。

個人的にも、田中さんの提案は興味深いテーマでした。

私は秘書官になる前に通産省で「立地指導課長」を2年間つとめまして、全国を飛び回り、その地域に適した産業を提案したり、農村地域に工業を導入する法律作りに携わったこともありましたので、そのときに得た知識や経験が、何らかの形で役立てられるのではないかと思いました。

本を出すには出版社を決めなくてはいけない。政治家の本ですから日頃つきあいの深い新聞社から出したらいいのではないかという話になりましたが、田中さんは全国紙ではない「日刊工業新聞社」を指定しました。

「チョーマイヨミ（朝毎読）では、出さなかったところが反・田中になる。日刊工業ならちょうど社長も新潟出身でよく知っているから、そこがいいだろう」

幸い、日刊工業新聞社も本の執筆作業に対応できる記者を準備できるとのことだったので、版元は問題なく決定しました。

本作りは、田中さんがレクチャーするところから始まりました。

チームは私を含め、通産省から若手中心に3、4名。それに日刊工業新聞社の記者が約10人。そこには後に作家「堺屋太一」として活躍する、池口小太郎さん（当時は通産官僚）もいました。

大臣室に集まったメンバーを前に、田中さんは6、7時間、ぶっ続けで話し続けました。それも1日ではなく4日間です。

「明治の人は偉かった。国が貧乏なのにもかかわらず、全国に鉄道網をはりめぐらせ、小学校を作った」

「明治100年のいまは国土維新だ」

「全国を1日行動圏とするため、新幹線、高速道路、空港港湾、工業用地等のインフラの整備を進める」

「東京へ、東京へ、という人とモノとカネの流れを地方へ逆流させよう。同じ日本人だ。どこに住んでいても、一定以上の生活ができるようにしようじゃないか！」

あれは本当に名演説でした。そして、それまで「都市政策大綱」を読んで理解していたことが本当に役に立ちました。

田中さんのレクチャーを私がスケルトンにして各記者に割り振り、前書きと後書きは総理直筆。とはいえ実際には秘書の早坂茂三さん（故人）が口述筆記し、それを田中さんが推敲する形で1冊の本として完成させたのです。

私は秘書官として、「他省

「東京へ、東京へ、という人とモノとカネの流れを地方へ逆流させよう。同じ日本人だ。どこに住んでいても、一定以上の生活ができるようにしようじゃないか!」

庁が協力してくれるか」ということを心配していました。田中さんが通産大臣として出す本ではありますが、その内容の性質上、通産省以外の省庁が協力してくれないと完全なものにはなりません。

私はそういうことにならないように、各省の局長に事前に連絡をしたのですが、結論を言えば心配は杞憂でした。

どの省の幹部も「角さんが本を出すのなら全面協力だ」と快く後押ししてくれました。

「その本はいつ出るんですか」

「1年後を目途に考えています」

「分かりました。ではその時点で公表できる最新のデータと情報をお渡ししましょう」

通産省を所管する大臣の本のために、そこまで他省庁の役人が骨を折ってくれるのは異例のことでした。

これは実際に中で働いた人間にしか分からないことかもしれないのですが、役人が他の役所の仕事に全面協力する、ということはあまりないことです。いかに田中さんが官僚たちに慕われ、人望があったかを示していると思います。

実際、1年はかかると思っていた作業ですが、1972年に入ってしばらくしたとき、二階堂進さん（田中内閣の官房長官）が私のもとへやってこられてこう言いました。

「おい、すばらしいことをやっとるらしいな」

「ありがとうございます」

「本はいつ出るんだ」

「もう少しかかりそうです」

「7月に間に合わんか」

私はこのとき、田中さんが自民党総裁選に立候補する可能性があることを察知し、大幅にペースを巻き上げて『日本列島改造論』の刊行を6月に間に合わせたのです。

田中さんは1972年7月、ライバルの福田赳夫さんを破って総理大臣に就任しました。

この『日本列島改造論』は最終的に93万部を超える大ベストセラーとなりましたが、この構想のコンセプト、そもそもの出発点は、新潟県出身政治家の郷土愛と、戦後の荒廃から立ち上がった日本のエネルギーを国土の均衡ある発展に向けるという田中さんの政治信条だったように思います。

顔と名前は忘れない「角栄伝説」の真髄

通産大臣時代の田中さんは、たいてい夜の6時、7時、8時と3つの宴席に顔を出すのが常でした。場所は赤坂近辺が多かったですね。段取りは秘書官の私の役目でした。

まだ秘書官になりたてのとき、宴席の場で田中さんからこう聞かれました。

「中に入るもよし、外で待つもよし。君はどうする？」

私は好奇心もあったので「入れてください」と答え、おかげでそうそうたる企業の社長クラスの方々と会うことができましたし、何より素顔の田中さんの姿を見ることができました。

あの時代、大臣秘書官は大臣が宴席に顔を出すときには外で待機することが原則だったらしいのですが、私はあまりそうした慣習を知りませんでした。田中さんが気をつかって質問してくれたのかもしれません。

スター政治家の田中さんですから、どこへ行っても大人気。田中さんは、宴席に顔を出しても座っている時間は長くて5分。あとはひたすら自分でお酌をしてまわり、ざっくばらんな話をしていました。

業界の幹部や企業の社長も「こんな話しやすい大臣がいるのか」と驚かれ、田中さんの人柄に惚れ込んでいきました。

いつだったか、田中さんが宴席にいたある会社の社長さんの顔をまじまじと見て、こ

傑出した政治リーダーだった田中角栄。

んなことを言い出したんですよ。

「あなたはずいぶん昔、富士銀行の○×支店の窓口の奥のほうに座っていた方でしょう」

　その社長さんは非常に驚いたようすで、こう言いました。

「確かにおりました。でも何十年も前の話です。なぜそれをご存知なのですか」

　田中さんはこう言って社長さんの手を握りました。

「昔、私が土建屋の社長をしていた時代、お金を借りに富士銀行に行ったのです。そこで最初の窓口の担当者がなかなかお金を貸してくれなかったところ、あなたが奥の席からやってきて、私の話をじっくり聞いてくれてお金を貸してくれたのですよ。忘れもしない、あなたは恩人です」

　これには一同、驚きましたね。本当に一度会うと顔と名前は忘れない人でした。

　田中さんが食事をするのは、その後、目白の自宅に帰ってからでしたね。地元新潟の濃い味付けの料理を好まれたようです。

　その後、風呂に入っていったん寝る。夜中の1時か2時ころに起きて、翌日の国会での答弁資料などに目を通す。これは私たちが役所で作り、夜のうちに自宅のポストに届けておくもので、田中さんはそれを自ら取りに行ってました。そこからもう一度寝て、朝6時には再び起きる。7時過ぎからはもう陳情の来客が待ち構えていますからね。

　振り返ってみても、仕事としては通産大臣秘書官の時代が体力的にはいちばん大変だった気がします。

　総理大臣秘書官は当時、各省庁（大蔵省、通産省、警察庁、外務省）から1人ずつ合計4人いるわけですが、通産大臣秘書官は1人ですから、24時間気の休まる暇がない。もっとも、それだけやりがいのある仕事ではありました。

　田中さんが通産大臣になって初めて「お国入り」したときのことはいまでもよく覚えています。

　新潟の実家ではまだ実母のフメさんがご健在で、秘書官である私がご挨拶しようとすると、逆に畳に手をついてお母さんが丁寧におっしゃるわけです。

「どうか、角栄をひとつよろしくおねげえします」

　本当に明治の母そのものですね。田中さんは困っている私の姿を面白そうに眺めていましたが、このお母さんの教えが田中さんに与えた影響はとても大きかったように思います。

不世出の政治家に仕えた幸せな時代

　田中さんが通産大臣から総理大臣となったとき、やっと激務から解放されると正直、ほっとした気持ちもあったのですが、このときも田中さんが総理に指名された日に官邸からお呼びがかかりましてね。今度は官房長の付き添いもありませんでした。

　1年間、行動をともにした関係でしたから、田中さんはいつも以上に単刀直入でした。

「君、（総理大臣）秘書官頼むぞ。列島改造をやってくれ」

　もう、当然のように言われましたので、そこで断るといった選択肢はありませんでしたね。「君、どうかね」ではなくて「頼むぞ」ですからね。私も「分かりました」と答え、そのまま通産大臣秘書官から総理大臣秘書官となりました。

　私は田中さんが総理大臣を辞任された後も、毎年、お正月には目白のご自宅を訪問し、近況を報告させていただきましたし、その度に励ましのお言葉をいただきました。

　私が事務次官時代の1985年、田中さんは脳梗塞に倒れ、その後はお会いする機会を得ないまま田中さんは1993年12月に亡くなられました。

　しかし、昨今の「角栄ブーム」を見るにつけ、私は改めて田中さんのスケールの大きさを痛感するとともに、傑出した政治リーダーの間近で仕事ができた幸運に感謝したい気持ちに駆られます。もう、あのようなタイプの政治家は出てこないのかもしれませんね。

田中角栄の一生

第4章

The life of Kakuei Tanaka

今太閤と呼ばれて

尋常高等小学校卒・土建屋上がりの角栄と東大卒・官僚出身の福田赳夫。雑草とエリートという対照的な二者がぶつかり合った「角福戦争」の末、誕生した田中角栄総理大臣と田中内閣。国内では列島改造、海外では日中国交正常化と、偉業を達成。しかし、カネにモノをいわせる「金権政治」の「金脈」と、大規模な汚職事件「ロッキード事件」が角栄の政治家生命を揺るがす。今太閤、その光と影――。

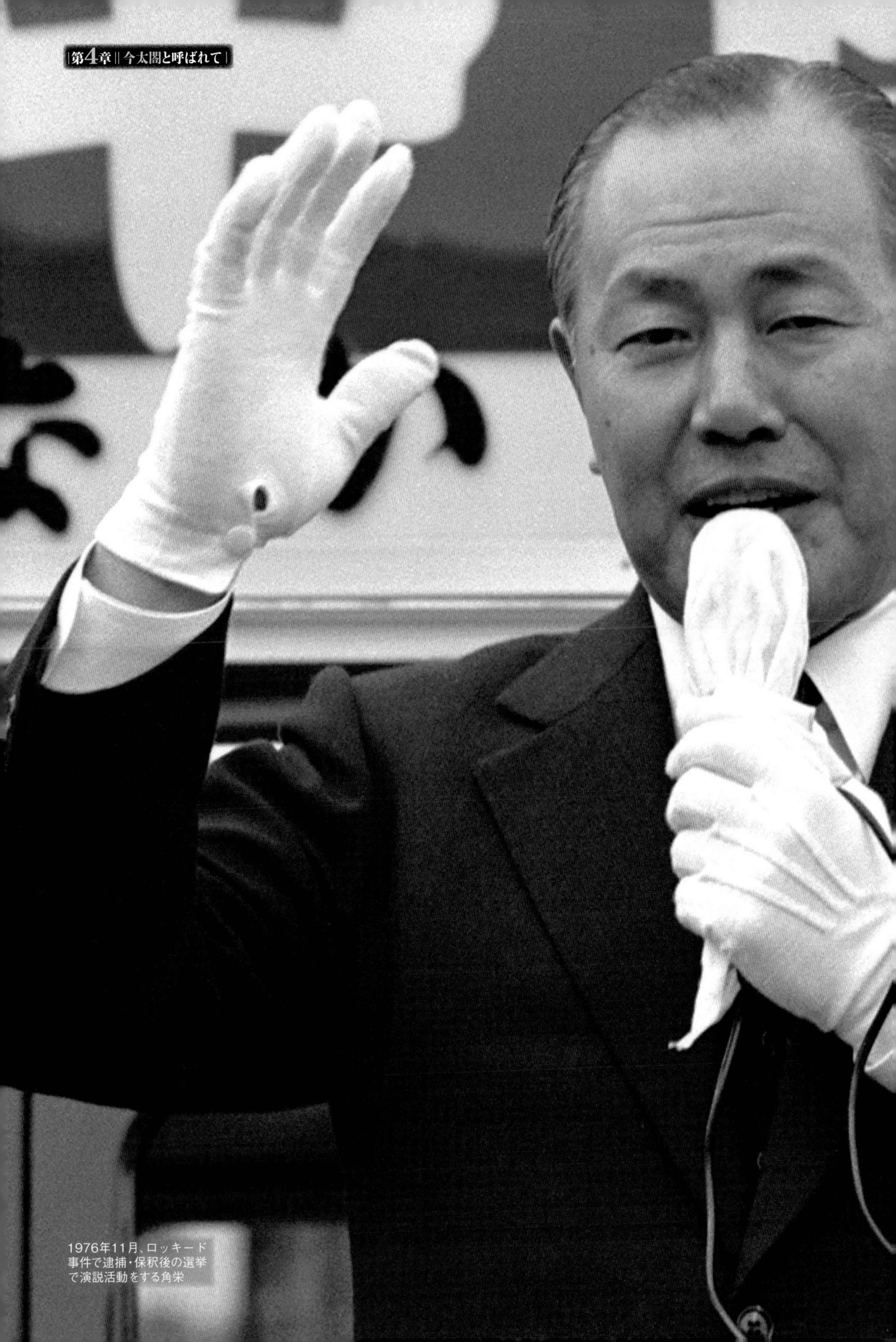

1976年11月、ロッキード事件で逮捕・保釈後の選挙で演説活動をする角栄

ポスト佐藤をめぐり、叩き上げの角栄、エリートの福田が相見える

角福戦争――史上最も熾烈な政争

総裁選後に公式の場で初めて会談する角栄と福田赳夫

佐藤栄作退陣表明後のパーティーで乾杯の音頭をとる角栄。佐藤は自分の後継者に角栄ではなく福田を推していた

叩き上げ対エリート 対極的な2人の政治家

歴代総理大臣内で、当時最長の連続在任記録を樹立した佐藤栄作。7年8か月という長期政権は、1972年6月の退陣表明によって終焉を迎えた。翌月、佐藤は沖縄返還を花道に内閣を総辞職することになる。後継者には、福田赳夫を推していた。しかし、佐藤の誤算は田中角栄という稀代の政治家だった。この頃、すでに佐藤派のなかでは、角栄を慕う田中系の議員たちが数を増し、派閥として力を持ち始めていたのである。

尋常高等小学校卒・土建会社上がりの角栄。東大卒・大蔵官僚出身の福田。あまりに対照的な2人の闘いは、裏で多くのカネが飛び交う生臭い死闘となった。佐藤は田中を牽制する意味で、両者を呼び、「2位になったほうが1位を全面的に支える」ことを約束させた。しかし、その一方で角栄は大平、三木と政策協定を結んでいたのである。

政治は結果だ。
とことん考えて、
やるとなったら断固やる。
多少、文句を言われてもやり通す。
終わりよければすべてよし。

新総裁に選ばれ、代議員席に向かって手を振る角栄

庶民宰相、今太閤――田中角栄政権の誕生

総理大臣就任、権力の頂点に

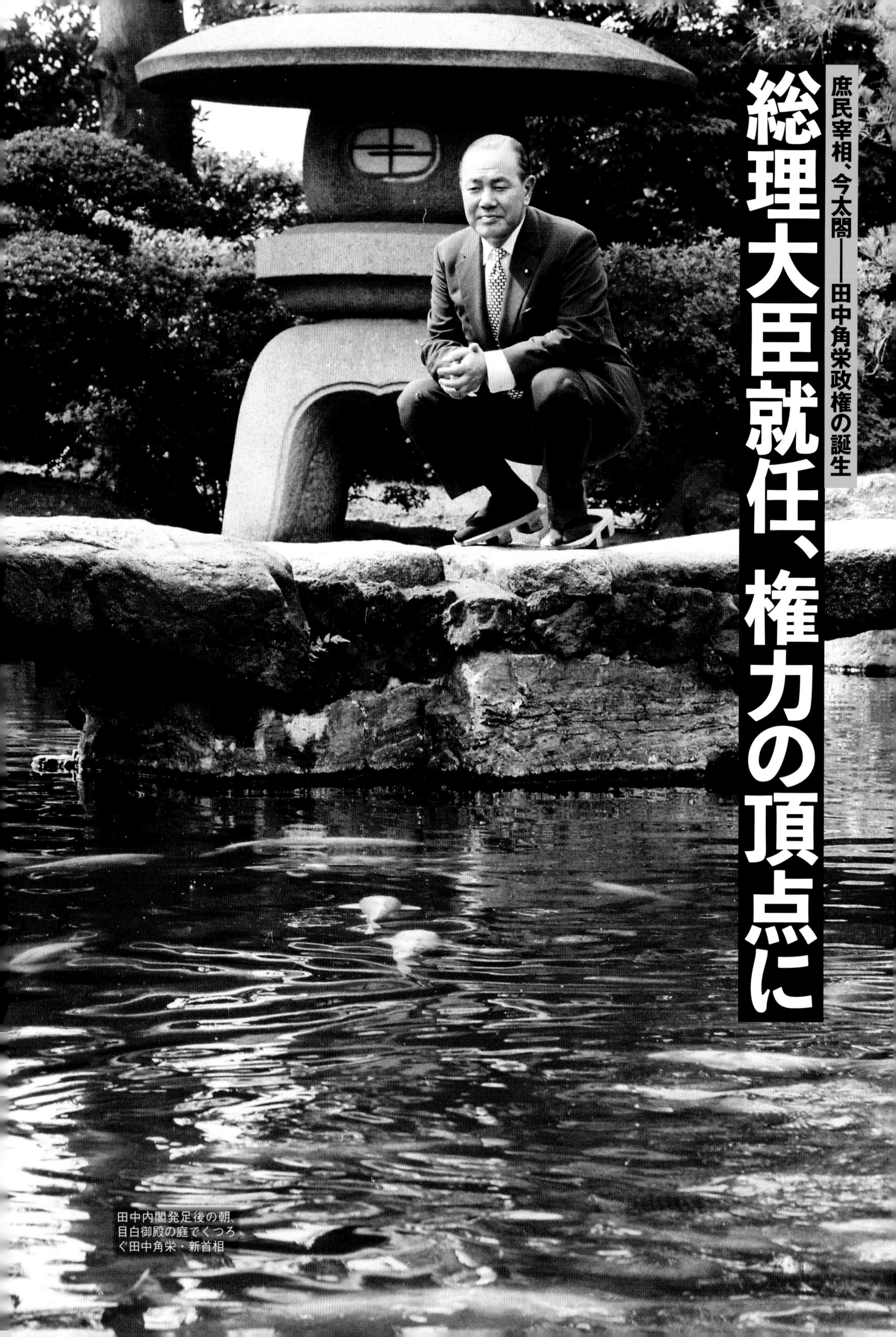

田中内閣発足後の朝、目白御殿の庭でくつろぐ田中角栄・新首相

優れた指導者は人間を好き嫌いしない。
能力を見分けて適材適所に配置する。
肝心なのは大事を任せられる人を
見つけることだ。

自民党総裁就任後のレセプションで、詰めかけた多くの参加者に手を振って応じる田中角栄・新総裁

「今太閤」の誕生 角栄ブームの到来

1972年7月5日、日比谷公会堂で実施された自民党総裁選は、熾烈を極めた。第1回投票では田中角栄156票、福田赳夫150票。6票の僅差だった。連携を約束した大平正芳は101票。角栄は「大平の面目が立つよう票を回し過ぎた」と内心、大いに焦っていたという。

いよいよ、決選投票となる。旧知の仲だった大平、また、日中国交正常化を大義に協力を得た三木武夫らの票が角栄に回ってきた。角栄282票。福田190票。角栄の勝利だった。翌日、国会は角栄を内閣総理大臣に指名。とうとう、尋常高等小学校卒の宰相が誕生したのである。マスコミ・世論の反応は想像をはるかに超え、極貧の地方村から天下を取った「今太閤」、門閥や学閥とは無縁の「庶民宰相」として、世間に空前の角栄ブームが巻き起こった。

日中国交正常化――角栄と中国

田中内閣発足後の大偉業、後年まで中国と友好は続いた

日中国交正常化の会談の際に、中国国内を視察。角栄は万里の長城を歩き、「百聞は一見に如かずというがこれはすごいもんだ」と感嘆した。中国との友愛に満ちた交流は生涯続いた

一番いいことは、わが国周辺の平和が確かなものになることだ。国防費を増やす心配もなくなる。だから、日中の国交回復なんだ。

1978年、当時の中国の鄧小平副首席、廖承志中国全人代常務委副委員長が目白御殿に、角栄を訪問。日中国交正常化の功労者である「古い友人」を中国の指導者たちは決して忘れなかった

時運を読み決断する角栄の政治力

角栄は首相就任後、すぐに日中国交正常化に向けて動き始める。そこには的確に政局・時運を読む角栄特有の判断力があった。

「オレは内閣を作ったばかりで『今太閤』とまで言われ、いまが一番強いときだ。一番力があるときこそ、一番難しい問題に挑戦するんだ」

1972年9月、北京へと向かい、毛沢東、周恩来と会談。共同声明に署名調印し、正式に国交正常化を決めた。組閣後、わずか85日目での大偉業である。田中角栄の真骨頂と呼ぶべき決断力と主導力、信念の賜物だった。

中国の政治家たちは、このときの角栄の偉業を決して忘れなかった。

78年に鄧小平、92年には江沢民が角栄の私邸を訪問。角栄もまた、生涯、中国の政治家たちに敬意を払い続け、交流を深めた。

石油外交に一歩も引けをとらなかった

強気の対米外交とその手腕

1972 年、ハワイ・オアフ島のホテルでニクソン米大統領と会談する田中角栄首相

角栄とアメリカ 石油をめぐる駆け引き

角栄は、対アメリカ外交において一歩も引けをとることがなかったことでも知られる。そもそも、佐藤内閣で通産大臣を務めた際にはニクソン政権を相手に、繊維交渉を力技で解決した。その手腕は総理大臣時代、とりわけ石油外交で発揮されることとなる。

１９７３年10月、第４次中東戦争勃発を機に、アラブ産油諸国が石油価格を引き上げ。西洋系の石油資本に対して反乱を起こした。アラブ寄りの国以外には石油輸出を制限したのである。アメリカはキッシンジャー国務長官を通じて、日米関係を盾に日本がアラブ寄りになることを牽制した。しかし、角栄はアメリカが日本に石油を回してくれない以上、独自の外交方針をとるしかない、とこれを突き放したのだ。後年、ロッキード事件はアメリカが角栄を危険視し、はめたのだ、という噂まで流れることとなった。

1981 年、中東問題から波及した石油の輸入制限について争ったキッシンジャー元米国務長官を迎える角栄

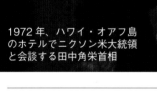

私が総理のときには、
資源外交に最大の力を入れた。
まだ石油が高くない頃だったが、
日本にとって資源問題は、
国の存在にかかわる問題だ、
という認識があったからだ。

赤坂の迎賓館で、来日したフォード
大統領を迎えた田中角栄首相

column 4

角栄は田舎のオヤジ!?

漫画家・本宮ひろ志が語った 庶民宰相の素顔

本宮ひろ志著『大いなる完』全４巻（講談社上、次頁）は、主人公・完が貧農の小作人の家に生まれ育ち、故郷を出て、土建業界で実業家として成功、戦後の民主選挙で政治家となり、首相まで上り詰めるという立身出世の物語。そのモデルとなったのは今太閤と呼ばれた田中角栄とされる。左は、テレビの出演時に化粧をする田中角栄首相

「これでも総理大臣やった事あんだよ」

ビジネス漫画『サラリーマン金太郎』（集英社）シリーズなど、数々のヒット作で知られる漫画家の本宮ひろ志氏。80年代、立候補して政治家になろうとする過程を描いた「実況中継」漫画『やぶれかぶれ』（集英社）を連載していた本宮氏は、取材で田中角栄に会ったときのエピソードを語っている（『文藝春秋』2002年2月号より）。

午前最後の来客として訪れた本宮氏に「これでも総理大臣やった事あんだよ。知ってんだろう君だって」と角栄は言った。本宮氏は「まるで田舎のオヤジがあっけらかんと自分の自慢話をする様」に唖然としたという。また政治家の引き際について、「酒屋や八百屋と同じで、必要でなくなり、人が来なくなったら店じまいだ」とも語っていた。素朴で飾らない人柄がうかがえるエピソードだ。

庶民宰相と言われた田中角栄の素顔

政治とは生活だ!!

1983年、新潟で地元の人々に歓迎を受け、ご満悦の角栄

「メシ食ったか」庶民宰相の実像

数々の異名がある角栄だが、なかでも「庶民宰相」という呼び名から、その生い立ちがしばしば取り沙汰される。新潟の貧しい暮らし、尋常高等小学校卒、こうした経歴にフォーカスが当てられることが多い。

しかし、実は、角栄の政治に対する思想そのものに、庶民性を見出すことができる。

角栄は、秘書の早坂に政治とは何か、と問われ、次のように応じたという。

「政治とは生活だ。国民が働く場所を用意して、三度三度のメシを食べてもらう。外国と喧嘩せず、島国で豊かに暮らしてもらう。それが政治だよ」（早坂茂三著『オヤジの知恵』集英社文庫より）

また、人が彼のところを訪ねると、開口一番に「メシ食ったか」と声をかけたというエピソードも多い。メシが食えるということの幸せをよく知っていた角栄。この点にこそ、「庶民宰相」たる所以があるのかもしれない。

地元の新潟の選挙区の人々と挨拶を交わす角栄。
撮影＝上森清二

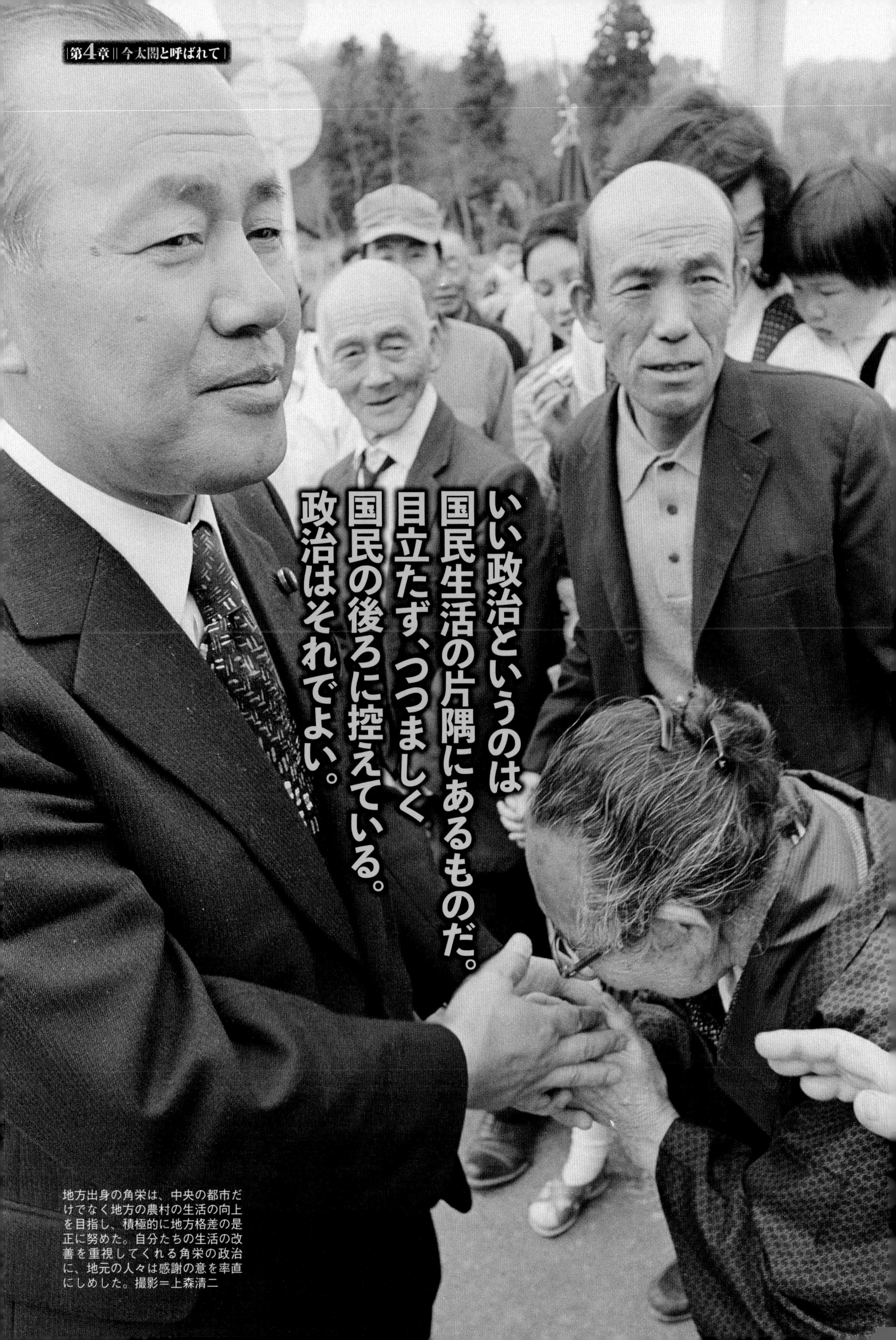

いい政治というのは
国民生活の片隅にあるものだ。
目立たず、つつましく
国民の後ろに控えている。
政治はそれでよい。

地方出身の角栄は、中央の都市だけでなく地方の農村の生活の向上を目指し、積極的に地方格差の是正に努めた。自分たちの生活の改善を重視してくれる角栄の政治に、地元の人々は感謝の意を率直にしめした。撮影＝上森清二

暴かれる今太閤の真実

追及される金脈と人脈

1974年10月、外国人記者クラブでの記者会見時に、質問攻めに遭う角栄

外国人記者クラブが火付け役となった金脈問題

1974年10月。月刊誌『文藝春秋』に2本の記事が発表された。

田中角栄の政治がいかにカネにまみれているか、その政治資金の出所を綿密に追った、立花隆の「田中角栄研究──その金脈と人脈」。

そして、長年、田中角栄の側近として仕え、後援会「越山会」の金庫番と呼ばれた佐藤昭（のちに昭子に改名）と、角栄の関係に迫った児玉隆也の「淋しき越山会の女王」である。

発売当初、メディア各紙にこの2本の記事が伝える問題について言及したところはほとんどなかったという。

この問題に光が当たるきっかけとなったのが、日本外国特派員協会主催の会見だった。外国人記者たちは、角栄の政治資金問題を執拗に追及したのである。

国内各紙がこれを報道。いよいよ火がつき、角栄はとうとう、首相辞任にまで追いやられることとなった。

1974年、「田中角栄研究──その金脈と人脈」を発表し田中角栄の金権政治を批判したジャーナリストの立花隆

カメラの連中だって
好きこのんで来てるんじゃない。
オレの写真が撮れないのでは
連中も商売にならんだろう。
サービスしてやってもいいじゃないか。

1974年11月、退陣表明の前日、つめかけたカメラマンに「そんなに騒ぐなよ」と照れながら高笑いをする角栄

1976年8月17日、２億円の保釈金を払い、東京拘置所を出て目白台の自宅に戻った角栄

生涯2度目の逮捕、5億円をめぐる検察との攻防

ロッキード事件と政治生命の危機

金脈騒動に続いての前首相の逮捕に、世間は震撼した。銀座の地下鉄入口前で配られた「田中前首相を逮捕」の号外を見る市民

前首相の逮捕疑惑の5億円

金脈問題で首相を辞任した角栄。政権は、金権政治のイメージを払拭するべく、三木武夫を総裁に据えた。暫定政権の印象は拭えず、角栄が復帰するのも時間の問題と思われていた矢先のこと。政治家生命すら脅かしかねない深刻なスキャンダルが角栄を襲った。世にいう「ロッキード事件」である。トライスター機の販売不振に苦しむアメリカのロッキード社が、全日空を含む世界の航空会社に同機を売り込むため、各国政府の関係者に巨額の賄賂をばらまいていた。日本では、政財界の黒幕とも称された児玉誉士夫、日本での販売代理店だった丸紅を通じ、最終的に5億円もの賄賂が渡った先が、田中角栄だったというのだ。

１９７６年7月27日。角栄は逮捕され、受託収賄と外為法違反の容疑で起訴。前首相の逮捕に日本中に激震が走った。

政治家というものは、
資質や能力と関係ないところで
難関にぶつかることもある。
のし上がろうとすれば
足を引っ張られる世界なんだ。

1977年1月、ロッキード事件の初公判に入廷する田中角栄

知られざる庶民宰相の平和論

田中角栄・伝説の名演説

聴く者の心をわしづかみにし、見る者を魅了してやまぬ、名演説家の絶妙なパフォーマンス。

1972年、総理大臣就任後初の衆議院総選挙で熱弁を振るった田中角栄の大演説。

その貴重な記録から一部分を大紹介!

大阪駅前で演説をする
角栄と集まった人々

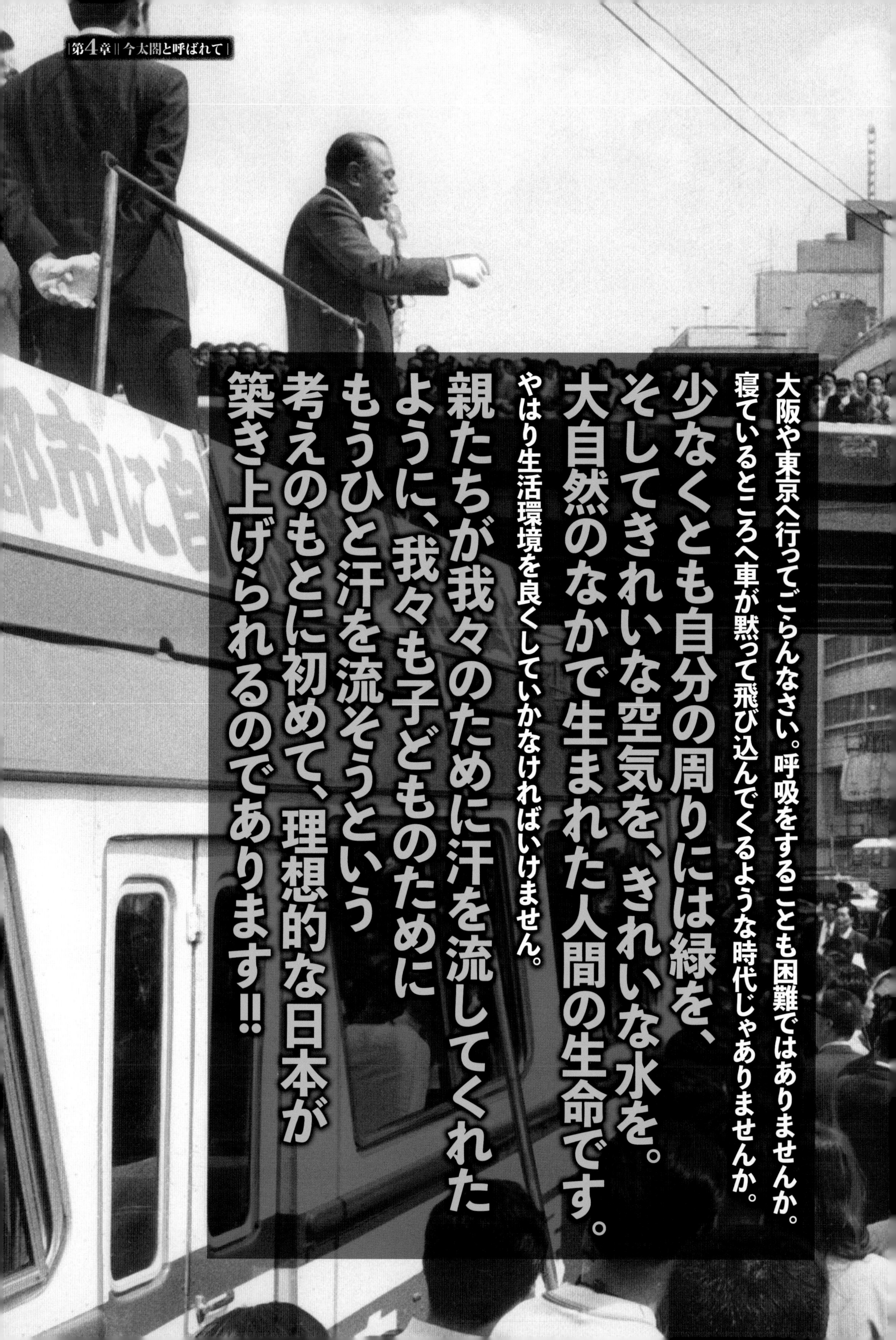

大阪や東京へ行ってごらんなさい。呼吸をすることも困難ではありませんか。
寝ているところへ車が黙って飛び込んでくるような時代じゃありませんか。

少なくとも自分の周りには緑を、
そしてきれいな空気を、きれいな水を。
大自然のなかで生まれた人間の生命です。

やはり生活環境を良くしていかなければいけません。

親たちが我々のために汗を流してくれた
ように、我々も子どものために
もうひと汗を流そうという
考えのもとに初めて、理想的な日本が
築き上げられるのであります!!

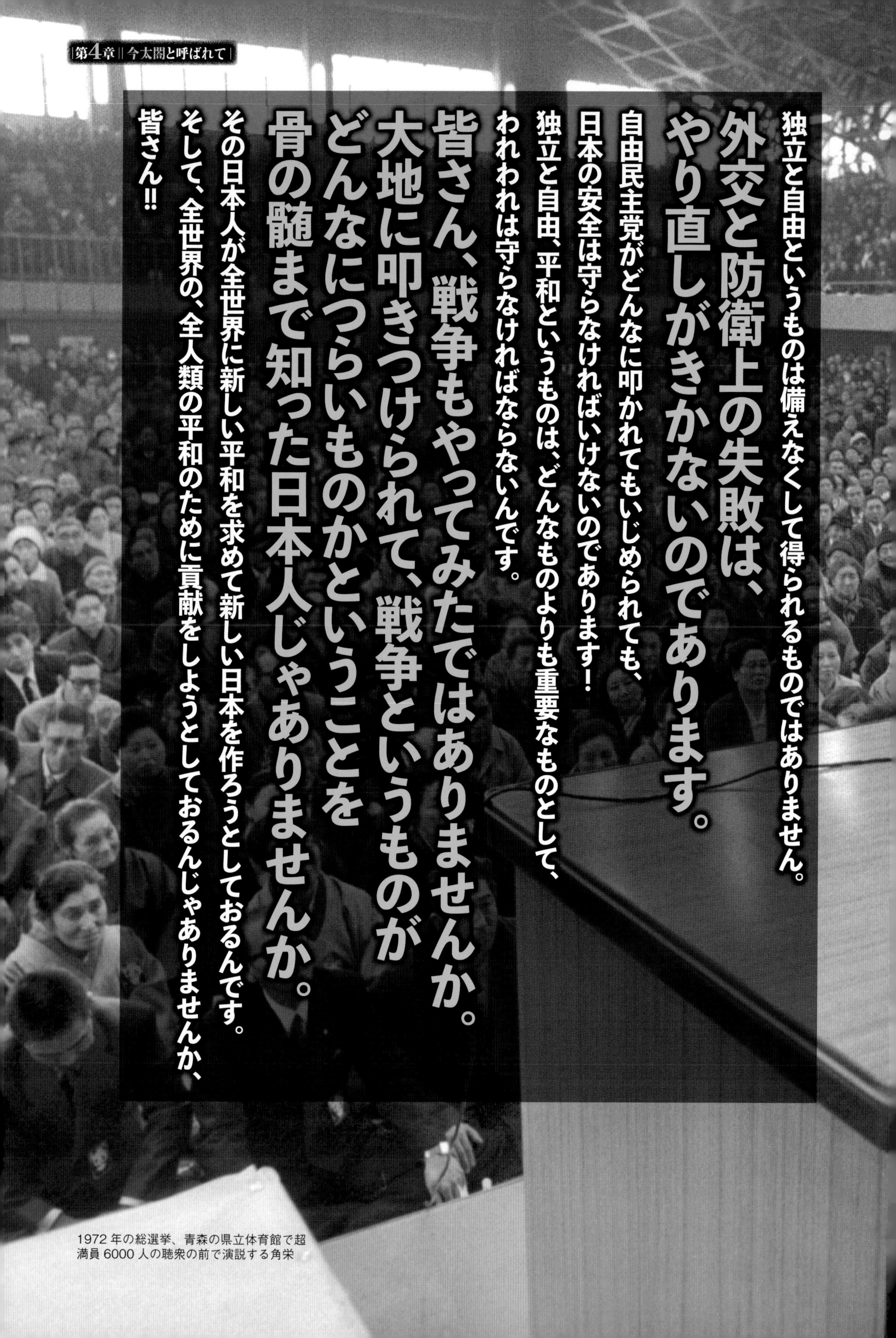

独立と自由というものは備えなくして得られるものではありません。

外交と防衛上の失敗は、
やり直しがきかないのであります。

自由民主党がどんなに叩かれてもいじめられても、
日本の安全は守らなければいけないのであります！
独立と自由、平和というものは、どんなものよりも重要なものとして、
われわれは守らなければならないんです。

皆さん、戦争もやってみたではありませんか。
大地に叩きつけられて、戦争というものが
どんなにつらいものかということを
骨の髄まで知った日本人じゃありませんか。

その日本人が全世界に新しい平和を求めて新しい日本を作ろうとしておるんです。
そして、全世界の、全人類の平和のために貢献をしようとしておるんじゃありませんか、
皆さん!!

1972年の総選挙、青森の県立体育館で超満員6000人の聴衆の前で演説する角栄

田中角栄の素顔

「最後の秘書」が語った政治家・田中角栄の真実

中央大学を卒業後、すぐに政治家秘書になるという比較的珍しい経歴を持つ朝賀昭氏。秘書として田中角栄に23年間仕え、その全盛期と晩年を間近で見続けてきた。

2013年12月、角栄の生きざまを証言した『角栄のお庭番 朝賀昭』(著者は中澤雄大氏、講談社)が出版され、その貴重な内容が注目を集めた。

「角栄最後の秘書」が、師・角栄の人間像を回想する。

世に流布される間違った「角栄像」

2013年、『角栄のお庭番 朝賀昭』という本が出版され、田中先生について、私が知るところを記録として残しました。

本来、政治家の秘書というものは、知りえたことを軽々しく語ってはいけない。墓場まで持っていくものだと、私たちはそういう教育を受けてきました。

ですからこれまで、いくら世に田中先生の本があふれていようとも、私は何も語るまいと心に決めていたのです。

ところが、前述の本が出版される前、その決意が揺らぐようなできごとがありました。

『中曽根康弘が語る戦後日本外交』という本が新潮社から出版され、そのなかに大意として次のような内容がありました。

「当時、田中角栄は日中国交回復に躊躇していたが、もし

朝賀昭(あさか・あきら)
1943 年東京都生まれ。学生時代から田中事務所で働き、中央大学法学部卒業後、田中角栄の秘書となる。
田中角栄死去後も佐藤昭子を支え、田中派議員の秘書軍団を統括する。現在、政経調査会会長。2013年12月『角栄のお庭番　朝賀昭』(中澤雄大著、講談社)が出版された。

この日中問題を進めるなら、中曽根派が総裁選で支援に回るという条件を出したため、田中はこの課題に取り組んだ」

私はそれを読んだとき、「それはまったく違う」と思いました。

あのとき、田中先生がいちばん憂慮していたのは国内の台湾派と呼ばれる議員たちで、その多くが中曽根派議員だったことは明確な事実なのです。

あの日中国交正常化は、総裁選の援助を受けたかったから渋々やった仕事ではない。それが事実として歴史に定着するのは受け入れがたいことです。

残念ながら、もう田中先生は反論することができません。それならば、私が知って

いることは生きているうちに残しておいたほうがいいのではないか。そういう思いがあって、冒頭の本になりました。あの世に行ったらオヤジに怒られるとは思いますがね（笑）。

私は50年近く秘書の世界に身を置いて、与野党問わず600人に及ぶ政治家を間近に見てきましたが、いまだに田中角栄という人を超える人物にはめぐり合っていない。

秘書だった私がそう言うと、あまり説得力がないかもしれませんが、もう先生が亡くなられてから30年以上が経過しました。客観的に見る冷静さは持ち合わせているつもりですが、それでも本当にそう思うのです。

朝日新聞が2000年、「この1000年における日本の政治リーダーは誰か」という調査を発表しているのですが、そこでも1位が坂本竜馬、2位が徳川家康、3位が織田信長、そして4位に田中角栄、5位が吉田茂でした。

世論調査に一定の信頼度があるとすれば、多くの日本人にとって、田中角栄はもはや歴史上の人物と並ぶ「伝説の政治家」ということになっているのかもしれません。

大蔵官僚たちを前に伝説の「就任演説」

私が正式に田中先生の秘書になったのは1966年のこと。それ以前から田中事務所でアルバイトしていていました。

いまでも覚えているのは1962年、田中先生が大蔵大臣の就任にあたり、その演説を聴いたときです。

ちょうど、後に秘書になられる早坂茂三さんが『東京タイムズ』の記者を辞めて田中事務所入りする直前のことでした。

なみいる大蔵省の幹部を前にして、当時44歳だった田中先生はこう言いました。

「ワシは、諸君もご存知のように尋常高等小学校卒業だ。

「本日より大蔵大臣室のドアはいつでも開けておく。上司の許可はいらんから、だれでもきてくれたまえ。できることはやる。できないことはやらん。仕事に対する全責任はワシが負う」

諸君は全国から集まった財政、経済のスペシャリストである。しかしかく言う小生はトゲのある門松を諸君らよりはいささか多くくぐってきている。今日から諸君と一緒に仕事をすることになった。そのためにはお互いを知り合うことが大事だ。本日より大蔵大臣室のドアはいつでも開けておく。上司の許可はいらんから、だれでもきてくれたまえ。できることはやる。できないことはやらん。仕事に対する全責任はワシが負う。十分に仕事をしてくれ」

大蔵省の大講堂は静まり返っていました。

一番後ろで、まだ詰襟の学生服を着て演説を聴いていた私は、鳥肌が立つ思いをしました。日本の超エリート集団たちも感極まっている。かつて聞いたことのない、すばらしい内容だと思いました。雄弁で、何より中身がある。

「この人の下で働けたら、どんなにいいだろう」

そう思ったのです。このときの体験に強く背中を押され、私は大学卒業後、そのまま田中事務所に入りました。ちょうど学生運動が活発になってきており、卒論が書けなかったことを覚えています。

日々の勉強に支えられた「天才政治家」の実像

間近で見るようになったオヤジは、豪放なイメージとは裏腹に、実に繊細で、デリカシーのある人でした。それから無類の勉強家でもありました。

竹下登さんは「田中角栄は政治の天才である」と評しましたが、私はその天才は努力に裏打ちされていたものだったと思っています。

多くのエピソードがありますが、私も最近まで知らなかった話があります。

山東昭子さんが初当選した1974年の参議院選挙で、オヤジの乗るヘリコプターが悪天候で飛べなくなったことがありました。

鉄道でも道路でも集会の予定に間に合わない。党の職員たちが右往左往したときに、オヤジがふと、こんなことを言い出したそうです。

「クロヨンの下に確か道路があるはずだ」

クロヨンとは富山県の黒部から大町に抜ける間に位置する黒四ダムのことです。しかし、警察に聞いても地元の役所に聞いてもそんな道路があるという話は出てこない。

するとオヤジがこう言った。

「佐伯さんに電話してみろ。知ってるはずだから」

佐伯宗義先生は富山の衆議院議員で、富山地方鉄道の創業者でもある。聞いてみると、本当に誰も知らない道があった。誰がそれを知っているかまで頭に入っている。これは努力していないと知りえないことなんですね。

それから、田中先生は尋常高等小学校、いまで言う中学校卒であるけれども、決して「無学」ではなかったですね。

あるとき、田中先生が若い議員を前にこんなことを口走ったことがあった。

「お前たちのようなのを〝ホウヒ〟って言うんだ！」

しかし、その場に居合わせた梶山静六先生や小沢一郎先生、その他多くの先生方も、その意味が一瞬分からなかった。

「放屁のことか？」

「いや、法律家が着る服のことじゃないか」

すると、田中先生が一喝した。

「バカモン！　大学も出ててそんなことも知らんのか。法の解釈だけにこだわって民衆を省みない、そういうのを法匪っていうんだ！」

そういうのが反射的に正しく出るっていうのも、オヤジが勉強家であったことを感じさせるシーンとしてよく記憶に残っていますね。

「政治とは何ですか」田中角栄の答えとは

私は「お庭番」の立場ですから、自分の仕事を粛々とこなすだけ。ですから、直接私がオヤジさんに何かを聞いたり質問したりということは、23年間のなかでも数えるほどしかありません。

そのなかでいちばん忘れられないのは、こういうやりとりでしたね。

どういう話の流れだったか、私は究極の質問をオヤジに投げかけた。もう、仕えてずいぶん長い時間が経過した頃ですよ。

恥ずかしながら、私は政治というこの漠然としたものの本質が、まだつかみきれないでいたのかもしれない。ですから思い切ってこう聞いたんです。

「田中先生、政治というものは、つまるところ何なのでしょうか」

するとオヤジは上を向いてすぐにこう言ったんです。

「そりゃお前、事を為すことだよ」

政治家というのは学者や評論家じゃないんだ。机上の空論ではなく、事を為さなければいけないんだと言うわけですね。

あのロッキード事件のとき、それまでオヤジに仕えていた人で「金権政治」を理由にオヤジを見限ったり、離れていく人はいなかった。「事を為す」オヤジさんの姿を見ていたからです。

それまで、深い情を受けてきた私たちは、むしろ体を張ってオヤジを守らなくてはいけない。そういう気持ちでした。それは金権政治の是非とはまったく無関係に、そう思っていましたね。

私の母の里はちょうど田中先生の選挙区でした。昔は上野駅を夜11時56分に出る夜行列車に乗って、新潟県の柏崎の先に到着するのは11時過ぎ。道路ができたいまは3時間で到着します。

政治手法に批判があったことは事実ですが、私は政治とは「事を為すこと」というオヤジの信念は間違っていなかったと思っています。

酒は「オールドパー」昼食はそばとあんパン

少し柔らかい話もしておきましょうか。

まず食べ物はしょっぱい味のものが好き。すき焼きをよく作るんですが、分かっている人はオヤジの前には絶対座らない。「食え食え」と言って、佃煮のような肉を食わされますからね。

昼はそばが多かった。特に鴨南そばが好物で、半蔵門にある丸屋というそば屋さんから出前を取っていた。あとはあんパンね。

酒は昔、ブランデー。大蔵大臣あたりからはずっとオールドパーね。ほとんど毎日、ものすごく強いし乱れない。でも飲み方はスマートで下ネタはない。だから女性に人気がありました。

タバコはハイライト。だから、私もショートホープからハイライトにしました。オヤジが「タバコないか?」って言ったときにすぐ出せるようにね。

せっかちなオヤジはゴルフで「パスさせろ」ということが多かったと言われているけど、そんなことはありません。むしろ周囲を気遣っていた。それからグリーンにオンするとツーパットOKというのもウソ。むしろ私らにOKをくれる。

「私のがOKならオヤジさんのもOKですよ」

私が言うと、オヤジはよくこう言いましたよ。

「ユーのは下からだからいいんだ。我輩のは上からだから難しいんだ」

で、打って外すと子どものように悔しがる。稚気あふれるところがありましたね。

囲碁は打ったことがなく、将棋が好き。よくハマコーさん（浜田幸一）が事務所に来ては、しょっちゅう誰かと囲碁をやっていた。

私がハマコーさんの囲碁の相手をしていると、オヤジが「ユーはお仕事中かい？」などと言いながらやってきて、後ろから盤面を見るわけです。

「おい、ずれたぞ。ずれたぞ」

ゴルフ場では「少年」に戻っていた角栄。
撮影＝山本皓一

碁石は交差点に置くものなのに、どうもオヤジは将棋の駒のようにマス目のなかに置くものだと思っていたらしい。

「ワシも碁を習うかな」

なんて言ってたけれど、結局将棋が好きだったみたいですね。

将棋もそれほど強いわけではない。というより、はっきり言うと弱かった（笑）。

いい手を指すより、駒を取るのが好きで、たくさん駒を取ると嬉しそうに両手の中でジャラジャラ……。相手の王様があと1手で詰むのに、詰まさないでまだ駒取ったりしてね。あと、自分で王手しておきながら「ここに逃げられるよ、ここに」なんてアドバイスしたり。でもそんなときは実に楽しそうでしたね。

時代が生み出した「大きな政治家」

田中先生がこの世を去り、もはや30年以上が経ちますが、いまでもこうして人並み以上の暮らしができるのは、田中先生のおかげであり、オヤジが私に残してくれた遺産なのです。

ですから私はいまでも、オヤジの秘書という気持ちでおりますし、田中角栄の名に恥じない行動を心がけています。

私は田中角栄のすべてを知っているわけではない。だからいまでも日々勉強していますが、知れば知るほど大きな人だったんだなあと思います。それだけの政治家に仕えることができたことは私の誇りでもあり、これまでの人生に一片の悔いもありません。

いま、選挙制度と小さな道徳にがんじがらめにされて、大きな政治家が育たない現実をみると、かわいそうに思える部分もあります。田中角栄が歴史のなかで再評価されるのも、そうした時代状況が関係しているのかもしれませんね。

column 5

角さんのゴルフ狂時代

角栄流ゴルフ術はあくまでもストイックに!!

角栄のゴルフはいつも真剣。慌ただしく駆けるようにしてコースを移動した。撮影＝山本皓一

ゴルフ練習の最初は三貫目の本

ゴルフが趣味だった田中角栄。そもそもゴルフを勧めたのは、秘書の早坂茂三だった。大蔵大臣を辞めて自民党幹事長のポストに就任した折、足腰の鍛錬と運動不足の解消としてゴルフを提案したのである。

すると、角栄はゴルフの書籍を三貫目買ってこいと命じた。目白の私邸の母屋にも、事務所にも置いて、忙しい仕事の合間を縫い、ゴルフの読書にふけること3か月、すべて読破した。この間、決して練習場へ行こうともしなかった。続けて3か月、プロについて室内練習場で猛特訓。連日400~500発のボールを打ったという。いよいよコースへと出て初プレーをする頃には、すでに半年が経過していた。その初プレーでいきなり105のスコアで回ったというから驚きだ。極度の負けず嫌いだった角栄は、趣味とはいえ、一心不乱にのめり込んでいた。

ある日、新聞の首相動静欄を読んだ角栄は、鈴木善幸首相のスコアが42、43だったと書いてあるのに訝しがって、わざわざ電話をして確かめさせた、という逸話もある。

角栄も同じホールを回ったことがあり、45と47で、90を切ることができなかった。オレがアイツよりも下手なわけがない……。きっと向こうはクィーンコースだったんだ、電話して聞いてみろ、と言うのである。

これにはさすがに秘書の早坂も渋ったが、角栄は頑として聞かない。早坂は官邸に電話して、わざわざ問い合わせたという。

真っ黒にゴルフ焼けした角栄。撮影＝山本皓一

ゴルフに見る角栄の政治家人生

脳梗塞で倒れるまで、ずっと続けていた角栄のゴルフは、ただの趣味というには過酷なほどにアスリートのごとくストイックだった。プレーのあいだ、余計なことはほとんど喋らない。移動する際も、前を向いて走るようにぐんぐんと歩いた。自分がこうと決めたら、限界まで努力をし、1日、2ラウンドでも3ラウンドでも続けた。秘書の早坂が一緒にラウンドを回ったとき、あまりにも急ぐ角栄に「もう少し、ゆっくり歩いて、味わいながらやったらどうです」と言うと、角栄は「お前が味わったらいい」と応じて、次のようにつけ足したという。

「いいか。オレは中途半端な気持でゴルフやってるんじゃない。これは道楽じゃないんだ。ひたすら歩く。早く歩いて体を責める。体をしぼって汗を流す。きのうよりもきょう、ひとつでもスコアをよくする。ミスは繰返さない。真剣勝負なんだ」（早坂茂三著『オヤジとわたし』集英社文庫より）

これと決めたら、とことんまで打ち込み、常人離れした集中力でごく短期間のうちに結果を出す。実行力の政治だった角栄の政治家人生そのもののようにゴルフにも真剣に取り組んでいた。

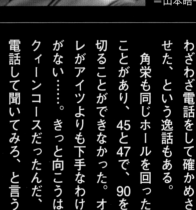

田中角栄の一生

第5章

The life of Kakuei Tanaka

闇将軍とその終焉

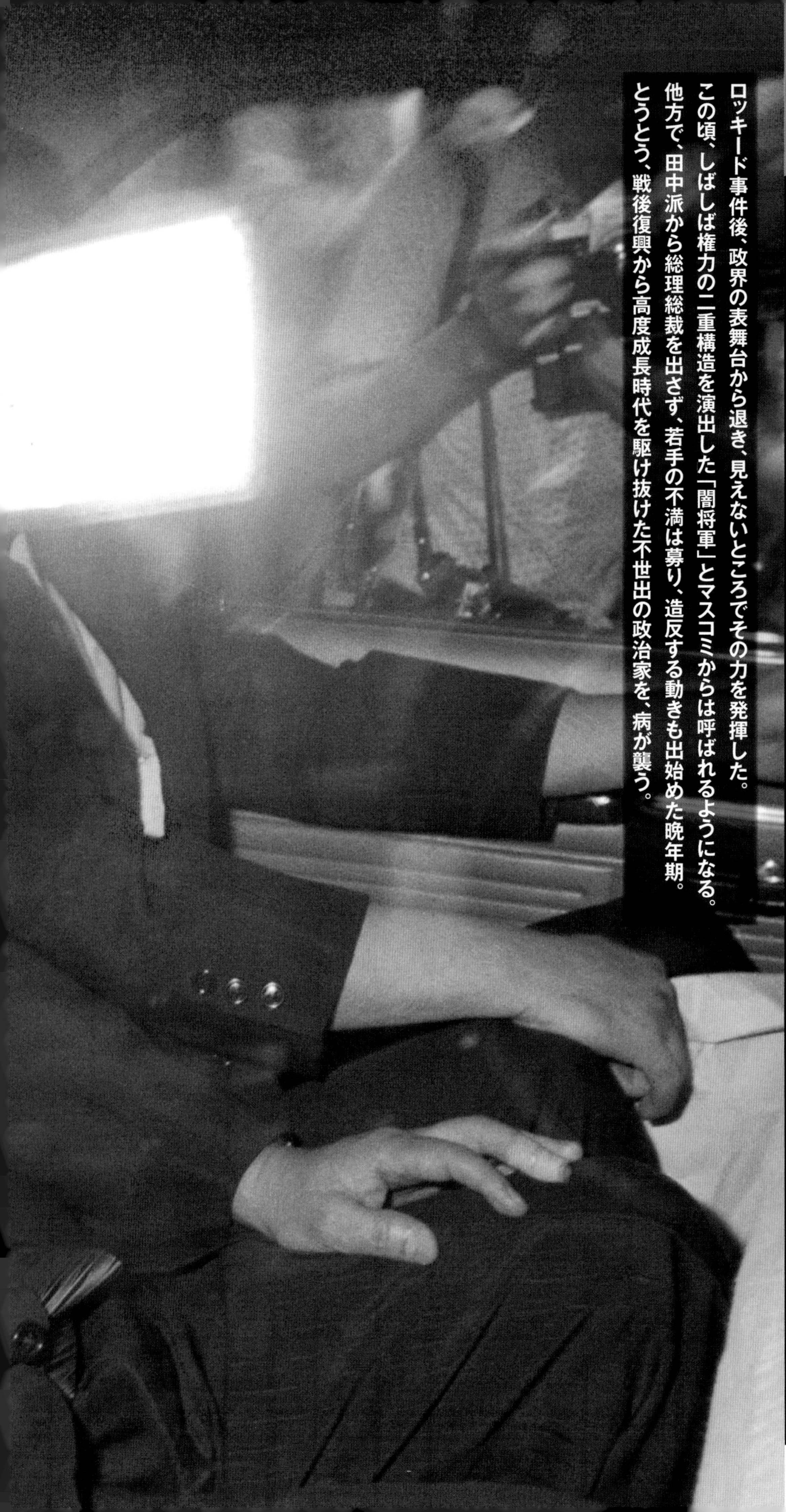

ロッキード事件後、政界の表舞台から退き、見えないところでその力を発揮した。この頃、しばしば権力の二重構造を演出した「闇将軍」とマスコミからは呼ばれるようになる。他方で、田中派から総理総裁を出さず、若手の不満は募り、造反する動きも出始めた晩年期。とうとう、戦後復興から高度成長時代を駆け抜けた不世出の政治家を、病が襲う。

1976年7月、ロッキード事件で東京地検に逮捕され、東京拘置所に護送される角栄

1976年10月、ロッキード事件後、郷里・新潟へ戻り再起に向けて選挙に備える角栄。長岡から帰宅の途中、地元の人々と挨拶を交わす。撮影＝上森清二

ロッキード事件以後、角栄を擁護し続けた人々

再起に向けての始動

田中角栄を擁護した人々

1976年、ロッキード事件で逮捕された角栄は、2億円の保釈金を払い、21日ぶりに東京拘置所を出所。検察との法廷闘争に明け暮れながら、その年の11月に戦後初の任期満了となった衆院選での再起に向けて始動した。選挙区入りをした角栄を、郷里の人々は温かく迎えた。「ロッキード選挙」とも呼ばれたこの衆院選で、角栄は17万票もの大量票を得た。のちの有罪判決後の選挙での22万票とともに、改めて角栄の地元人気の凄さを思い知らされるエピソードだ。

また、政財界でも角栄を最後まで擁護し続けた人物がいた。財界の大物・笹川良一は角栄を特別に評価したうちの1人だ。たとえ、被告人になろうとも、決して角栄を悪く言うことはなかった。のちに脳梗塞に冒された角栄がテレビに映し出されたとき、「しっかりしろ」とブラウン管に向けて励ました、という。

戦後の政財界の黒幕とも称された笹川良一と談笑する角栄。笹川はロッキード事件以後、周囲の評価が一変した角栄を、擁護し続けた者の1人。その卓越した実行力に賞賛の言葉を惜しまなかった

総理大臣がなんぼ偉かろうが、
あれは出稼ぎでござんしてね。
しくじったらいつ帰ってきてもええ。
おらはその留守番だ。（母フメの言葉）

1976年、父・角次の墓前でのひとコマ。撮影＝上森清二

最大派閥・田中派を動員して、ときの政権を演出する権力の二重構造がしばしば噂された。撮影＝山本皓一

140人の「田中軍団」を投じて、ときの内閣を演出

暗躍する「闇将軍」

ときの総理大臣と内閣を演出

「金脈」問題で首相を辞任した角栄は以後、表舞台の要職に就くことはなく、もっぱら大派閥となった田中派の運営と、キングメーカーとして選挙や人事を取り仕切るなど、暗躍した。

その端緒となったのが、1978年、福田赳夫と大平正芳が自民党総裁の椅子を争った総裁選である。角栄は田中派を挙げて盟友・大平を支持。雌雄は予備選で決した。予想を覆し、大平が福田を上回った。これに驚いた福田は本選を辞退。大平が総裁となり、新しい内閣がスタート。角栄は党内人事も取り仕切り、表の内閣と裏の「闇将軍」という「権力の二重構造」体制が確立しつつあった。

その後、鈴木善幸、中曽根康弘といった総理大臣と、ときの内閣を演出。マスコミには連日、「角影内閣」「直角内閣」「田中曽根内閣」という言葉が上るようになる。

福田赳夫との総裁選を、田中派の後押しで勝利し首相となった大平正芳

総理なんてのは1回やれば十分だ。
血圧と血糖値の上がる商売で
身がもたない。
しかし幹事長はおもしろい。
あれは何回やってもいい。

田中派の全面的な支持によって、首相となった中曽根康弘と角栄。第1次内閣は「田中曽根内閣」と揶揄された

最大派閥・田中派の分裂

竹下登との確執

1987年7月に経世会を旗揚げし、田中派の分裂を招いた竹下登幹事長（当時）は、10月に党総裁選立候補の挨拶のため、側近の小沢一郎（左）とともに目白の田中邸を訪れたが、門は開かれることはなかった

1987年元旦、目白の田中角栄邸を年始の挨拶に訪れた竹下登の乗る車は、門前払いを食らい、なかへ通されることはなかった

後継者が育たない、やめろと言われるが冗談じゃない。後継者の準備もしないでやめられるか。

1982年都内のホテルで開かれた田中派代議士の「励ます会」に出席した角栄。党総裁候補に名前があがった竹下登自民党幹事長代理（当時）と話し込む

「同心円でいこうや」田中派の分裂

「闇将軍」角栄の手となり足となって動いたのが、大派閥・田中派の議員たち。しかし、田中派から総理はおろか、候補すら立てない状態が続き、次第に若手議員を中心に、不満の声が出始めたのである。田中派の綻びはいよいよ表面化していくこととなる。

なかでも決定的だったのは、竹下登や橋本龍太郎、小渕恵三、小沢一郎らが結成した「創政会」である。勉強会とは言うが、実際は、角栄の軛《くびき》を取り去り、竹下を首相候補に擁立することを目指していた。竹下らは、「創政会」の立ち上げを角栄に報告。角栄は「同心円でいこうや」と応えた。田中派のなかにある小さな円、それもまた同じ中心の円であり、あくまで田中角栄の傘下にある円なのだ。竹下らはこのとき、全身の力が抜けるような思いをした、という。

病気に倒れ、ついに引退を表明

襲う病魔、角栄の最期

1992年4月、中国共産党の江沢民総書記が目白の田中角栄邸を訪問。日中国交20年を祝って、中国再訪を誘い、同年8月に実現。病身をおして訪中した角栄を、「水を飲むときは、井戸を掘った人の恩を忘れてはならない」と述べた故・周恩来の言葉そのままに「中国は田中先生を永遠に忘れない」と国賓待遇でもてなした

わが愛する郷土新潟県の発展と邦家安寧のために後進の諸君の一層の奮起を期待するものであり、かえりみて、わが政治生活にいささかの悔いもなし。

1988年、新潟県西山町の生家2階から健在ぶりをアピールする角栄。晩年は脳梗塞の療養とリハビリが続いた

稀代の大宰相 その最期の日々

竹下が目白御殿に「創政会」の結成を報告に行った翌月の1985年2月。突如として角栄を病魔が襲った。脳梗塞で倒れ、東京逓信病院に入院。病院側は「3、4週間の療養が必要」と発表したが、その後、角栄が政治の表舞台へと立つことはなかった。ロッキード事件の有罪判決とその控訴、竹下らの「創政会」問題などが重なり、酒量は日増しに多くなっていたという。

翌年の総選挙で1位当選するものの、公には姿を現わさず、支持者によって選挙活動が行われた。車椅子の生活を余儀なくされ、自宅でのリハビリが続く89年、娘婿の田中直紀の口から、政界引退が発表され、声明文が読み上げられる。ここに42年間の角栄の政治家生活が幕を閉じた。93年12月16日、入院先の慶応大学病院で永眠。享年75歳だった。

田中角栄年譜

西暦	時歴	主な出来事
1918年	新潟県刈羽郡二田村大字坂田に、父・角次、母・フメの次男として生まれる。父・角次が様々な事業に手を出し失敗し、極貧生活を余儀なくされる。	米騒動起こる。第一次世界大戦の休戦協定。
1933年(15)	二田尋常高等小学校を卒業。	作家・小林多喜二が逮捕され虐殺される。
1934年(16)	上京。井上工業東京支店に住みこむ。のちに雑誌『保険評論』の見習い記者に転職。夜は私立中央工学校土木科で学ぶ。	室戸台風上陸。
1936年(18)	中央工学校土木科を卒業。	2・26事件発生。
1937年(19)	複数の建築事務所を経て、「共栄建築事務所」を設立。	日中戦争始まる（盧溝橋事件）。
1938年(20)	応召。北満州にて兵役に就く。妹・ユキエ死亡の知らせを受ける。	国家総動員法施行。
1941年(23)	クルップ性肺炎により、内地に送還。大阪日赤病院に収容される。10月に退院とともに除隊。「田中建築事務所」を開設（東京・飯田橋）。事務所の家主の娘にして後の妻・坂本はなと出会う。	太平洋戦争始まる。
1942年(24)	坂本はなと結婚。長男・正法が生まれる（1947年、5歳で死亡）。「田中土建工業株式会社」設立。当年度の年間施行実績全国50位以内にランクインした。	ミッドウェー海戦。
1944年(26)	長女・眞紀子が誕生。	サイパン島の日本軍玉砕。
1945年(27)	朝鮮での工場移転工事を請け負い、渡鮮。終戦を朝鮮で迎え、帰国。	ポツダム宣言受諾、終戦。
1946年(28)	第22回総選挙。進歩党公認で立候補に踏み切る（新潟2区）。37人中11位で落選。	公職追放令公布。吉田茂が日本自由党総裁を受託。
1947年(29)	第23回総選挙に民主党から立候補し、12人中3位で当選（新潟3区）。	日本国憲法施行。

西暦（年齢）	時歴	主な出来事
1964年(46)	父の角次死去（享年78）。	東京オリンピック開幕。
1965年(47)	自民党幹事長に就任（蔵相は辞任）。	米軍の北ベトナム空爆開始。
1966年(48)	自民党に起こった「黒い霧事件」の責任をとる形で自民党幹事長を辞任。	袴田事件が発生。ビートルズが初来日。
1967年(49)	第31回総選挙で1位当選。	「オールナイトニッポン」放送開始。
1968年(50)	自民党幹事長に復帰。	3億円事件発生。
1969年(51)	長女・眞紀子が、鈴木直人元衆議院議員の三男・直紀と結婚。第32回総選挙で1位当選。	東大安田講堂事件。アポロ11号が月面に着陸。
1971年(53)	第9回参院選で自民党が敗北し、幹事長を辞任。通産相就任、日米繊維交渉が決着。	江夏がオールスターで9連続奪三振記録を樹立。
1972年(54)	佐藤派から分離独立する形で、田中系議員が旗揚げ。『日本列島改造論』を発表。佐藤首相が引退、第64代内閣総理大臣に指名される。9月、日中国交正常化を果たす。第33回総選挙で1位当選。	あさま山荘事件。札幌冬季五輪開幕。沖縄返還。
1973年(55)	地価や物価が上昇（狂乱物価）。日ソ共同声明発表。福田赳夫を蔵相に起用。電源三法を成立させる。	金大中事件発生。円が変動相場制に移行。第1次オイルショック。
1974年(56)	第10回参議院選挙で自民党大敗。『文藝春秋』に「田中角栄研究」が掲載される。11月に辞意表明、12月に田中内閣総辞職。三木武夫内閣が発足。	ユリ・ゲラー来日。佐藤栄作元首相にノーベル平和賞。長嶋茂雄が引退を表明。
1976年(58)	ロッキード事件表面化。7月、外為法違反の疑いで東京地検特捜部に逮捕される。自民党を離党、その後保釈金2億円で保釈される。第34回総選挙で1位当選。福田赳夫内閣発足。	児玉誉士夫邸にセスナ機が墜落。毛沢東死去。
1977年(59)	ロッキード事件丸紅ルート初公判。田中自身は容疑を全面否認。田中派「七日会」解散。	青酸コーラ事件。エルビス・プレスリー急死。

1948年（30）	第2次吉田茂内閣発足。法務政務次官に就任。炭鉱国管疑惑により逮捕。	大韓民国樹立宣言。
1949年（31）	第24回総選挙に獄中から立候補し再選。	中華人民共和国成立。
1950年（32）	一級建築士資格を取得。	朝鮮戦争勃発。
1951年（33）	炭鉱国管疑惑に対し、無罪判決が下る。	サンフランシスコ講和条約調印。
1952年（34）	第25回総選挙で1位当選。	ヘルシンキ五輪に日本参加。
1953年（35）	中央工学校の校長に就任（1972年に退任）。第26回総選挙で当選。	「バカヤロー」解散。
1954年（36）	自由党副幹事長に就任。	第五福竜丸がビキニで被爆。
1955年（37）	第27回総選挙で2位当選。	自由民主党が誕生。
1956年（38）	義理の娘を池田勇人の甥に嫁がせる。	日本、国際連合に加盟。
1957年（39）	第1次岸信介改造内閣の郵政相に就任。戦後初の30代（39歳）での大臣就任となり、テレビ局と新聞社の統合系列化を推進した。	ロッテが「グリーンガム」発売。長嶋茂雄の巨人入団が決定。
1958年（40）	第28回総選挙で1位当選。	東京タワー公開開始。
1959年（41）	自民党副幹事長に就任。	安保闘争が激化。
1960年（42）	中越自動車株式会社社長に就任。越後交通株式会社（旧・長岡鉄道）社長に就任。第29回総選挙で1位当選。	日米安保条約発効。
1961年（43）	自民党政務調査会長に就任。日本電建株式会社社長に就任。	ガガーリンが宇宙飛行に成功。
1962年（44）	第2次池田勇人内閣で大蔵大臣就任。	女優マリリン・モンロー急死。
1963年（45）	第30回総選挙で1位当選。	ケネディ大統領暗殺される。

1978年（60）	母・フメ死去。享年86。鄧小平来日、目白邸を訪問。福田赳夫内閣が総辞職し大平内閣が発足。"角影内閣"と呼ばれる。	日中平和友好条約調印。
1979年（61）	ダグラス・グラマン航空機疑惑が新たに浮上し、衆参両院のロッキード問題特別委が、航空機輸入特別委に改称。第35回総選挙で1位当選、自民党は大敗。	ソ連がアフガニスタンに侵攻。
1980年（62）	大平正芳首相急死。鈴木善幸内閣発足。第36回総選挙で1位当選、自民党も圧勝。	日本がモスクワ五輪をボイコット。ジョン・レノン射殺。
1981年（63）	『文藝春秋』にインタビュー記事掲載。総理復活への質問に、「考えたこともない。なろうとしてなれるものじゃない」。	レーガン大統領就任。
1982年（64）	中曽根政権発足。田中派から6人が入閣し「田中曽根内閣」と揶揄される。	ホテルニュージャパン火災。500円硬貨発行。
1983年（65）	ロッキード事件で有罪判決（懲役4年、追徴金5億円）。第37回総選挙で1位当選。	東京ディズニーランドオープン。
1984年（66）	田中派総会に出席し、中曽根内閣への協力を明言。	グリコ・森永事件発生。
1985年（67）	2月、脳梗塞に倒れ東京逓信病院に入院。個人事務所が閉鎖される。	プラザ合意。「ロス疑惑」の三浦和義逮捕。
1986年（68）	第38回総選挙で1位当選。17万9062票を集めたが、角栄自身は選挙運動が全く行えず、支持者たちによる選挙活動に。	チェルノブイリ原発事故。アイドル・岡田有希子が自殺。
1987年（69）	新年会に訪れた竹下登を門前払い。ロッキード裁判控訴棄却。西山町を訪問。竹下登が経世会を旗揚げ。竹下内閣発足。	朝日新聞阪神支局襲撃事件。石原裕次郎死去。
1989年（71）	政界引退が、田中眞紀子の婿・直紀氏から発表される。「かえりみてわが政治生活にいささかの悔いもなし」との声明文が読み上げられた。勤続43年、当選16回。	昭和天皇崩御。消費税施行。
1990年（72）	海部俊樹首相が衆議院解散。正式に政界引退。新潟県越山会が県選管に解散届けを提出し、解散。前後して各地の越山会も解散した。	勝新太郎が麻薬密輸容疑で逮捕。
1992年（74）	中国の江沢民総書記が目白邸を訪問。日中国交回復20周年で招待され訪中する。	尾崎豊死去。
1993年（75）	第40回総選挙で娘の田中眞紀子が1位当選。12月16日、午後2時4分、慶応大学病院で死去。享年75。死因は甲状腺機能障害に肺炎の併発。戒名は政覚院殿越山徳栄大居士。墓所は新潟県柏崎市（旧西山町）田中邸内。ロッキード事件は上告審の審理途中で公訴棄却となった。	皇太子さま・雅子妃が結婚。Jリーグが開幕。

新版　田中角栄の一生

2024年7月9日第1刷発行

編　者　別冊宝島編集部
発行人　関川 誠
発行所　株式会社宝島社
〒102-8388 東京都千代田区一番町25番地
電 話 ［営業］03-3234-4621
［編集］03-3239-0928
https://tkj.jp
印刷・製本　サンケイ総合印刷株式会社

※本書は小社より刊行した別冊宝島『田中角栄の一生』（2015年9月）を加筆・修正し、新規記事を加えて再編集したものです。

ISBN 978-4-299-05651-1

主要参考文献（順不同）
田中角栄著『自伝　わたくしの少年時代』（講談社）
早坂茂三著『オヤジとわたし。』『田中角栄回想録』『オヤジの知恵』『権力の司祭たち』『男たちの履歴書』『政治家田中角栄』『駕籠に乗る人担ぐ人』『宰相の器』『意志あれば道あり』『鈍牛にも角がある』『怨念の系譜』（集英社文庫）
早野透著『田中角栄　戦後日本の悲しき自画像』（中公新書）
佐高信・早野透著『丸山眞男と田中角栄──「戦後民主主義」の逆襲』（集英社新書）
立花隆著『田中角栄研究全記録（上）（下）』（講談社文庫）『田中角栄新金脈研究』（朝日文庫）
田原総一朗著『戦後最大の宰相田中角栄（上）』（講談社＋α文庫）
津本陽著『異形の将軍──田中角栄の生涯（上）（下）』（幻冬舎文庫）
山岡淳一郎著『田中角栄の資源戦争──石油、ウラン、そしてアメリカとの闘い』（草思社文庫）
新潟日報社編『入門田中角栄─語録・評伝─』（新潟日報事業社）
『新潮45　2010年7月号』（新潮社）
『現代　1994年2月号』（講談社）
大下英治著『田中角栄秘録』（イースト新書）『小沢一郎と田中角栄』（角川SSC新書）
保阪正康著『田中角栄の昭和』（朝日新書）
小林吉弥著『田中角栄の人を動かすスピーチ術』（講談社＋α文庫）
関川夏央著『昭和が明るかった頃』（文春文庫）
高田宏著『雪日本　裏日本』（中公文庫）
半藤一利著『昭和史　戦後篇』（平凡社ライブラリー）
孫崎享著『アメリカに潰された政治家たち』（小学館）
福田文昭著『田中角栄張込み撮影日誌1974-1993』（葦書房）
中澤雄大著『角栄のお庭番　朝賀昭』（講談社）
神山榮一著『颯爽たる人生　笹川良一』（産経新聞社）
増山榮太郎著『角栄伝説　番記者が見た光と影』（出窓社）
SAKURA　MOOK『人を引きよせる天才　田中角栄』（笠倉出版社）
別冊宝島編集部編『田中角栄 100の言葉』『別冊宝島　田中角栄という生き方』（宝島社）
そのほか多数

●表紙写真
山本皓一

●総扉写真
上森清二

●写真提供・図版協力
共同通信社／毎日新聞社／朝日新聞社／時事通信社／産経新聞社／文藝春秋／Corbis-amanaimages／株式会社サード・ライン／山本皓一／上森清二

●編集協力
欠端大林／大野 真

●表紙デザイン
杉本欣右

●本文デザイン・DTP
竹内文洋（landfish）
木下裕之（Kinoshita Design）
杉本欣右